Peter Kohrs

# Deutsch
## Grammatik
### Pocket Teacher

**Der Autor:**
Peter Kohrs ist ein erfahrener Deutschlehrer und als Autor von erfolgreichen Lernhilfen zur Rechtschreibung und Grammatik bekannt.

Für die 6. Auflage wurde dieser Band aktualisiert und erweitert.

 http://www.cornelsen.de

**Bibliografische Information:** Die Deutsche Bibliothek verzeichnet diese Publikation in der Deutschen Nationalbibliografie; detaillierte bibliografische Daten sind im Internet über http://dnb.ddb.de abrufbar.

Dieses Werk berücksichtigt die Regeln der reformierten Rechtschreibung und Zeichensetzung.

| 11. | 10. | 9 | 8. | 7. | Die letzten Ziffern bezeichnen |
| 09 | 08 | 07 | 06 | 05 | Zahl und Jahr der Auflage. |

© 1997 Cornelsen Verlag Scriptor GmbH & Co. KG, Berlin
Das Werk und seine Teile sind urheberrechtlich geschützt.
Jede Verwertung in anderen als den gesetzlich zugelassenen Fällen bedarf deshalb der vorherigen schriftlichen Einwilligung des Verlages.
Hinweis zu § 52a UrhG: Weder das Werk noch seine Teile dürfen ohne eine solche Einwilligung eingescannt und in ein Netzwerk eingestellt werden. Dies gilt auch für Intranets von Schulen und sonstigen Bildungseinrichtungen.
Redaktion: Heike Friauf, Berlin
Satz und Herstellung: THH, Frankfurt am Main
Reihengestaltung: Julia Walch, Bad Soden; Magdalene Krumbeck, Wuppertal
Umschlagentwurf: Bauer + Möhring, Berlin; Rainer J. Fischer, Berlin
Druck- und Bindearbeiten: Clausen & Bosse, Leck
Printed in Germany
ISBN 3-589-22098-8
Bestellnummer 220988

 Gedruckt auf säurefreiem Papier,
umweltschonend hergestellt aus chlorfrei gebleichten Faserstoffen.

# Inhalt

## Vorwort   6

## Sprache und Kommunikation   7

**Funktionen sprachlicher Äußerungen**   7
**Grundsachverhalte der Kommunikation**   8

## Sprache und Bedeutung   10

**Grundbedeutung und Nebenbedeutung**   10
**Fremdwort und Lehnwort**   11
**Bildhafte Ausdrücke**   11
**Synonyme und Antonyme**   12
**Oberbegriff und Unterbegriff**   13
**Wortfamilie**   14

## Wortarten   15

**Das Verb**   16
Aufgabe von Verben   16
Vollverb und Hilfsverb   17
Finite (bestimmte) und infinite (unbestimmte) Formen des Verbs   17
Weitere Unterscheidungen von Verben   18
Konjugation von Verben   19
  *Person und Numerus (Anzahl)*   19
  *Tempus (Zeit)*   20
  *Zeitenfolge*   25
  *Genus des Verbs: Aktiv und Passiv*   27
  *Modus (Aussageweise)*   29
  *Überblick: Indikativ und Konjunktiv*   32
Modalverben   35
Zur Bildung von Verben   35
Konjugationstabellen   36

## Das Nomen (Substantiv), seine Begleiter und Stellvertreter  43

Das Nomen  43
*Genus (grammatisches Geschlecht)*  44
*Kasus (Fall)*  45
*Numerus (Anzahl)*  45
*Deklination*  45
*Zur Bildung von Nomen*  47
Der Artikel  49
*Bestimmter und unbestimmter Artikel*  49
*Deklination*  50
Das Pronomen  51
Überblick: Unterschiedliche Pronomen und ihre Funktionen  54

## Das Adjektiv  56

Vergleichsformen und Steigerung  56
Partizip und Adjektiv  57
Zur Bildung von Adjektiven  57

## Die Partikeln  58

Die Präposition  58
Die Konjunktion  61
*Nebenordnende Konjunktionen*  61
*Unterordnende Konjunktionen*  62
Das Adverb  63
Die Interjektion  64

## Das Numerale  65

## Vom Satz  66

## Satzarten  66

Aussagesatz  66
Fragesatz  67
Aufforderungssatz  67
Ausrufesatz und Wunschsatz  67
Indirekte Aufforderungen  68

## Satzglieder, die Bestandteile des Satzes  69

Umstellprobe (Verschiebeprobe)  69
Ersatzprobe  70
Abstreichprobe und Erweiterungsprobe  71

INHALT

## Satzglieder und ihre Aufgaben im Satz   72
Subjekt   72
Subjektsatz   72
Prädikat   73
Prädikativ   74
Objekt   75
  *Fallbestimmte Objekte*   75
  *Objekt mit Präposition/präpositionales Objekt*   76
  *Objektsatz*   76
Angaben   77
  *Adverbiale Bestimmung/Adverbiale*   77
  *Attribut*   79
  *Überblick: Satzglieder und ihre Attribute*   82
Beispiele für Satzanalysen   84

## Hauptsatz und Gliedsatz (Nebensatz)   86
Hauptsatz   86
Gliedsatz (Nebensatz)   86
Formen von Gliedsätzen   87

## Satzverbindungen   88
Satzreihe   88
Satzgefüge   88
Komplexes Satzgefüge   89

## Überblick: Wortarten, Satzglieder und Satzarten   90

## Sprachliches Handeln   92

### Satzarten und Sprechabsichten   92
### Gespräche   93

## Sprache und Stil   95

### Stilebene/Stilniveau   95
### Stil und Wortarten   96
### Stil und Satzbau   97
Lateinisch-deutsches Verzeichnis grammatischer Begriffe   98
Deutsch-lateinisches Verzeichnis grammatischer Begriffe   101

## Stichwortverzeichnis   103

# Vorwort

**Liebe Schülerinnen, liebe Schüler!**

Der handliche POCKET TEACHER bringt euch viele Vorteile: Er informiert knapp und genau. Regeln, Erklärungen, Beispiele, Tabellen – alles ist übersichtlich geordnet und leicht verständlich.

„Augen auf!" – das Symbol weist euch auf Fehlerquellen und Denkfallen hin.

Ihr könnt die gewünschten Infos am schnellsten über das Stichwortverzeichnis am Ende jedes Bandes finden. – Stichwort vergessen? Dann schaut ihr am besten ins Inhaltsverzeichnis und sucht im entsprechenden Kapitel nach dem Wort. Im Text eurer POCKET TEACHER findet ihr viele farbige Pfeile. Diese verweisen auf andere Stellen im Buch.

*Beispiel:* ⤴ Modus S. 29. Das heißt: Der Begriff Modus wird auf Seite 29 ausführlich erläutert.

Der POCKET TEACHER Deutsch: Grammatik gibt euch Auskunft über die einzelnen Wortarten und über den Satz, seine Bestandteile und deren Aufgaben im Satz. Dabei geht es nicht nur um eine systematische Auflistung zur Wortlehre und Satzlehre. Dieser POCKET TEACHER informiert auch über Sprache als Kommunikationsmittel und gibt außerdem Hilfen, um die Machart von Texten besser zu verstehen und um das Schreiben zu verbessern.

**Beachte:** Natürlich kann die POCKET-TEACHER-Reihe ausführliche Schulbücher mit Übungen und Beispielen nicht ersetzen. Das soll sie auch nicht. Sie ist eure Merkhilfe-Bibliothek für alle Gelegenheiten, besonders für Hausaufgaben oder für die Vorbereitung auf Klassenarbeiten.

# Sprache und Kommunikation

## Funktionen sprachlicher Äußerungen

Bei der sprachlichen Kommunikation übermittelt ein Sprecher/Schreiber (die weibliche Form ist immer mitgemeint) einem Hörer/Leser bestimmte sprachliche Äußerungen. Diese haben vor allem drei dominierende Funktionen, die oft bereits an der Wahl der Wörter und am Satzbau zu erkennen sind.

| | | |
|---|---|---|
| **Informieren** (darstellende Funktion) | Personen, Vorgänge, Gegenstände werden dargestellt; der Hörer/Leser wird informiert | Sprachliche Mittel sind z. B. Aussagesatz, Fakten, Zahlen **Beispiele:** Zeitungsnachricht, Sachbericht |
| **Auffordern** (appellative Funktion) | Hörer/Leser soll beeinflusst werden, er wird zum Handeln aufgefordert | Imperative, Anredepronomen, rhetorische Mittel **Beispiele:** Werbetext, politische Rede |
| **Eigene Verfassung ausdrücken** (Ausdrucksfunktion) | Hörer/Leser bringt seine Hoffnungen und Gefühle zum Ausdruck | Ausruf, Bewertungen, Ich-Aussagen **Beispiele:** Tagebuch, Gedicht |

**8** SPRACHE UND KOMMUNIKATION

## Grundsachverhalte der Kommunikation

Wichtig für jede Kommunikation sind folgende Sachverhalte:

- Jede Form von Verhalten hat einen **Mitteilungswert**. Da man sich nicht nicht verhalten kann, kann man auch nicht nicht kommunizieren.
  Auch wenn jemand nichts sagt, hat dies einen Mitteilungswert. Er kann z. B. seinen Mitmenschen mitteilen: „Lasst mich in Ruhe!" oder „Das interessiert micht nicht!".

- Bei einer Mitteilung werden nicht nur Inhalte übermittelt, sondern auch mögliche **Beziehungen** zum Angesprochenen. Dabei spielen Betonung, Körpersprache, Wahl der Satzart, bestimmte Wörter *(auch, mal, schon, wieder)* eine Rolle.

✖ **Beispiel:** Ein Lehrer äußert gegenüber einer Schülerin: „Darf ich mal deine Hausaufgaben sehen?" Er kann mit dieser Frage seinen Wunsch zum Ausdruck bringen, die Hausaufgaben zu kontrollieren. Die Frage stellt in diesem Falle eine Aufforderung dar, die Hausaufgaben vorzuzeigen (↗ Satzarten S. 16 und Sprechabsichten S. 92). Auf der Beziehungsebene könnte die Äußerung von der Schülerin auch so verstanden werden: „Warum gerade ich? Glaubt er, dass ich mal wieder meine Hausaufgaben nicht gemacht habe? Hält er mich für faul?"

- Sprecher und Hörer haben oft unterschiedliche **soziale Rollen**. An die soziale Rolle sind bestimmte Erwartungen und Verhaltensweisen geknüpft.

✖ **Beispiel:** Zwei Schüler sprechen anders miteinander als Schüler und Lehrer. Der Lehrer darf beim Schüler die Hausaufgabe kontrollieren; eine umgekehrte Konstellation wäre nicht möglich.

# GRUNDSACHVERHALTE DER KOMMUNIKATION

In der **Alltagskommunikation** gibt es oft Missverständnisse und Störungen, z. B. aneinander vorbeireden, nicht verstanden werden. Dies lässt sich zum Teil vermeiden, wenn man sich bewusst macht,
- wie man auf andere wirkt,
- welche sprachlichen Verhaltensweisen und nichtsprachlichen Interessen und Gefühle das Verhalten bestimmen,
- dass jede Mitteilung vier verschiedene Aussageebenen/ Botschaften enthält.

**Die vier Seiten *einer* Nachricht**

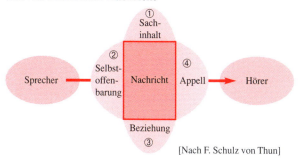

[Nach F. Schulz von Thun]

Erläuterung mit Hilfe eines Beispiels:
1. Der Sprecher **informiert** den Hörer darüber, dass er öfter angerufen hat, ohne ihn zu erreichen.
2. Der Sprecher sagt möglicherweise **über sich selbst** aus: **Mir** war der Anruf wichtig./**Ich** bin hartnäckig.
3. Der Sprecher will dem Hörer möglicherweise sagen: **Deine Meinung** ist mir wichtig./Ich will **Kontakt zu dir** haben.
4. Der Sprecher könnte dem Hörer vielleicht mitteilen und damit an ihn appellieren wollen: Rufe mich jetzt auch mal an!/ Hast du jetzt mal endlich Zeit für mich?

# Sprache und Bedeutung

## Grundbedeutung und Nebenbedeutung

Wörter verweisen auf etwas, sie stellen einen Bezug zur Wirklichkeit her.

Unter dem Wort *Hund* kann sich jeder etwas vorstellen, nämlich ein bestimmtes Haustier; man spricht hier von der Grundbedeutung des Wortes (**Denotation**).

Ein Hundeliebhaber verbindet das Wort mit einer positiven Nebenbedeutung (**Konnotation**): Hund als Gefährte und Freund des Menschen. Ein anderer, vielleicht der Briefträger, wird das Wort mit einer negativen Konnotation verbinden: Ein Tier, das gefährlich werden kann und beißt. Oft stehen für Nebenbedeutungen besondere Wörter zur Verfügung.

**Beispiele:** Hund: Kläffer, Töle; Gesicht: Antlitz, Fresse

**Textbeispiele:** Die folgenden Texte zeigen, wie man mit unterschiedlichen Ausdrücken für die selben Dinge ganz verschiedene Nebenbedeutungen anklingen lassen kann.

*Die Sicht des fröhlichen Frühaufstehers*
Ich stelle den Zweiklangradiowecker ab. Ich fühle mich ausgeruht und tatendurstig. Ich wende noch einmal meinen Körper und kuschele mich genüsslich in den Kissen. Dann springe ich auf und tänzele, ein Liedchen trällernd, ...

*Die Sicht eines Morgenmuffels*
Ich würge die Rappelkiste ab. Richtig knatschig fühle ich mich. Ich wälze mich noch einmal herum, um ein bisschen zu pennen. Schließlich rappele ich mich doch hoch und latsche, griesgrämig vor mich hin murmelnd, ...

**FREMDWORT UND LEHNWORT**

## Fremdwort und Lehnwort

Der Wortschatz einer Sprache ist in ständiger Bewegung: Aus anderen (fremden) Sprachen werden Wörter in die deutsche Sprache übernommen. Man nennt diese Wörter **Fremdwörter**. Fremdwörtern merkt man ihre Herkunft noch an, und zwar
• an fremdartigen Lauten *(Computer, Psyche, Montage)*,
• an anderer Betonung *(Telefon, Frisör)*,
• an der fremdartigen Schreibweise *(Psyche,* nicht Psüche; *Jeans,* nicht Dschiens).

**Beispiele:**
Jeans, Hit, Shop (aus dem Englischen/Amerikanischen)
Philosoph, Rhythmus, Chor, Charakter (aus dem Griechischen)
Kefir (aus dem Türkischen)
Kimono (aus dem Japanischen)
Kastell, Nomen, Illusion (aus dem Lateinischen)
Portmonee, Journalist, Ingenieur (aus dem Französischen)
Kattun (aus dem Arabischen)
Konto (aus dem Italienischen)
Kontor (aus dem Niederländischen)

Viele Fremdwörter sind im Laufe der Zeit der deutschen Sprache so angepasst worden, dass man ihren Fremdwortcharakter nicht mehr wahrnimmt. Diese nennt man **Lehnwörter**.

**Beispiel:** Das Wort *Kloster* stammt von dem lateinischen *claustrum,* das Wort *Mauer* von *murus,* das Wort *Kreuz* von *crux.*

## Bildhafte Ausdrücke

Manche Wörter werden im übertragenen Sinne gebraucht und gewinnen dann eine zweite, eben die übertragene Bedeutung hinzu. Derartige bildhafte Ausdrücke nennt man auch **Metaphern** (aus dem griechischen Wort für *Übertragung*). Dabei wird ein Wort aus einem Bedeutungsbereich in einen anderen übertragen. Es entsteht eine bildhafte Redeweise, wobei man sich die ursprüngliche Bedeutung noch vorstellen kann.

**12**    SPRACHE UND BEDEUTUNG

**✖ Beispiele:**

| Ursprüngliche Bedeutung | übertragene Bedeutung |
|---|---|
| Hahn (Tier) | Zapfhahn, Gewehrhahn |
| Birne (Obst) | Glühbirne |

**✖ Beispiele** für Metaphern aus dem Sport:
Er **schießt eine Bombe** aufs Tor.
Im Strafraum **brennt es lichterloh**.

Andere bildhafte Redewendungen neben der Metapher sind:
- **Personifikation** (Vermenschlichung): Dabei werden abstrakte Begriffe, Tiere oder leblose Dinge mit menschlichen Eigenschaften versehen.

**✖ Beispiele: Frau** Sonne, **Vater** Rhein, es **träumt** der Tag
- **Vergleich:** Dies ist eine Form, durch die zwei oder mehrere Bereiche miteinander verglichen werden.

**Beispiele:** Haare **wie** Gold, stark **wie** ein Bär.

**Beispiel** aus einer Fußballreportage, in der mit bildhaften Redewendungen gearbeitet wird, um den Zuhörern/Zuschauern das Geschehen zu veranschaulichen:

… die deutsche Elf greift an. Mit ein, zwei Spielzügen ist sie schon im Feld der Italiener. Jetzt läuten die Alarmglocken im Strafraum der Italiener. Maier klebt am Leder wie eine Klette, unaufhaltsam stürmt er durch den Strafraum und jetzt – ein Bombenschuss aufs gegnerische Tor. Die Zuschauer heben die Arme, sehen den Ball schon im Netz zappeln. Aber nein! – Der Keeper springt wie ein Panther ins bedrohte Eck und fischt sich das runde Leder gerade noch vor der Torlinie.

**Synonyme und Antonyme**

**Synonyme** nennt man Wörter mit gleicher oder ähnlicher Bedeutung.

**✖ Beispiele:** klug – weise; intelligent – aufgeschlossen

Ein **Wortfeld** fasst Wörter mit vergleichbarer, verwandter Bedeutung zusammen.

**Beispiele:** Gewässer: Bach, Fluss, Strom, See, Weiher, Meer

**Antonyme** heißen Wörter mit gegensätzlicher Bedeutung

**Beispiele:** rechts – links
ankommen – abfahren
oben – unten
Jugend – Alter

## Oberbegriff und Unterbegriff

Begriffe helfen, die Wirklichkeit zu erfassen und zu ordnen.
**Oberbegriffe** haben eine allgemeine Bedeutung; sie schließen die Unterbegriffe mit ein.
**Unterbegriffe** sind präzise und speziell.

**Beispiele:**

| Oberbegriff | Unterbegriff |
|---|---|
| Werkzeug | Zange, Hammer, Meißel |
| Tiere | Säugetiere, Fische, Insekten |

Es lassen sich auf diese Weise ganze Begriffspyramiden bilden.
 **Beispiel:**

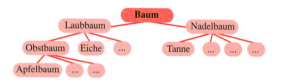

## Wortfamilie

Die Wortfamilie ist ein wichtiges Ordnungsprinzip des Wortschatzes. Eine Wortfamilie besteht aus allen Wörtern, die im Laufe der Zeit zu einem Stammwort gebildet worden sind. Sprachlich verwandt sind alle Wörter mit dem gleichen **Wortstamm**, zu einer Wortfamilie gehören sowohl Ableitungen als auch Zusammensetzungen.

 **Beispiel:**

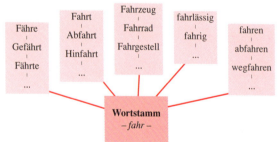

Bei der Rechtschreibung ist es besonders wichtig, Wortfamilien zu bilden, weil man mit verwandten Wörtern oft die richtige Schreibweise ableiten kann.

 **Beispiele:** behände von Hand (daher behände mit ä, nicht mit e); Fährte von Fahrt; gräulich von grau.

# Wortarten

Wortarten gliedern die Wörter unserer Sprache nach bestimmten Gesichtspunkten. Im Satz und im Text übernehmen sie unterschiedliche Aufgaben. Einige Wortarten können dabei ihre Form verändern, sie können gebeugt oder, um es mit einem anderen Begriff auszudrücken, flektiert werden. Andere Wortarten können ihre Form nicht verändern; entsprechend bezeichnet man sie als nicht flektierbar.

**Überblick: Flektierbare und nicht flektierbare Wortarten**

| lateinische Bezeichnung | deutsche Bezeichnung | |
|---|---|---|
| Verb | Tätigkeitswort/Zeitwort | |
| Nomen/Substantiv | Namenwort/Hauptwort | |
| Artikel | Begleiter/Geschlechtswort | → flektierbar |
| Pronomen | Fürwort/Stellvertreter | |
| Adjektiv | Eigenschaftswort | |
| Numerale | Zahlwort | |
| Präposition | Verhältniswort | |
| Konjunktion | Bindewort | |
| Adverb | Umstandswort | → nicht flektierbar |
| Interjektion | Empfindungswort/ Ausrufewort | |

Beispiele für die verschiedenen Wortarten finden sich auf der folgenden Seite.

# WORTARTEN

| lateinische Bezeichnung | Beispiele |
|---|---|
| Verb | sehen/er sieht |
| Nomen/Substantiv | der Freund/des Freundes |
| Artikel | der, die, das/ein, eine, ein |
| Pronomen | sie/es gefällt ihr |
| Adjektiv | schön/ein schönes Buch |
| Numerale | drei/den Dreien |
| Präposition | an, auf, hinter, neben |
| Konjunktion | und, weil, nachdem, dass |
| Adverb | heute, bald, sehr |
| Interjektion | ach! oh! |

## Das Verb

*(Tätigkeitswort, Zeitwort; Plural: Verben)*

Verb kommt vom lateinischen Wort *verbum* (Wort). Für die Römer war das Verb das wichtigste Wort im Satz. Auch in deutschen Sätzen dreht sich alles ums Verb. Es gibt kaum einen Satz ohne Verb. Fehlt es, so wird es zumindest mitgedacht.

**Beispiel:** Kommst du heute? – Nein, heute (komme ich) nicht!

### Aufgabe von Verben

Mit Verben kann man Handlungen, Vorgänge und Zustände bezeichnen.
Entsprechend unterscheidet man:

- **Handlungsverb**
  **Beispiele:** Petra **läuft**.
  Stephan **liest** ein Buch.
- **Vorgangsverb**
  **Beispiele:** Es **brennt**.
  Die Blumen **welken**.
- **Zustandsverb**
  **Beispiele:** Susanne **fühlt sich** gut. Dort **wohnen** wir.

**DAS VERB** 17

### Vollverb und Hilfsverb

Nach ihrer Leistung im Satz unterscheidet man

- **Vollverben** (kommen, laufen, gehen)
  Diese können in einem Satz allein das Satzglied Prädikat bilden. (↗ Prädikat S. 73)
  **Beispiel:** Sie **kommen** heute.
- **Hilfsverben** (sein, haben, werden)
  Diese benötigen im Satz noch ein Vollverb oder andere Wörter zur Ergänzung.
  **Beispiele:** Sie **wird** nicht mitkommen. Sie **ist** sehr freundlich. Er **hat** bei ihr angerufen.

### Finite (bestimmte) und infinite (unbestimmte) Formen des Verbs

Verben können im Satz ihre Form verändern; sie sind flektierbar. Steht ein Verb in der **Personalform** (du kommst, wir sehen), spricht man auch von der **finiten** Form (lat. *finit* = bestimmt) oder der konjugierten Form des Verbs. (↗ Konjugation von Verben S. 19)

**Beispiel:** Sie **kommt** heute.
Die Verbform ist in diesem Beispiel bestimmt durch

- Person und Numerus (Anzahl):    sie → 3. Person Singular (Einzahl)
- Tempus (Zeit):    sie kommt → Präsens
- Genus (Geschlecht):    sie → Femininum (weibliches Geschlecht)

    Modus (Aussageweise):    kommt → Indikativ (Wirklichkeitsform)

Die **infiniten Formen des Verbs** werden nicht bestimmt durch Person, Numerus, Tempus, Genus und Modus.
Zu den infiniten Verbformen zählen

- der **Infinitiv** (Grundform des Verbs): kommen, lesen
- das **Partizip** (Mittelwort), eine Form zwischen Verb und Adjektiv (↗ folgende Seite)

**Partizip Präsens** (oder Partizip I)
**Beispiel:** lesend (abgeleitet vom Infinitiv lesen)
Gebrauch als Adjektiv: lesende Kinder
Gebrauch als Nomen: Lesende

**Partizip Perfekt** (oder Partizip II)
**Beispiel:** gelesen
Gebrauch als Adjektiv: das gelesene Buch
Gebrauch als Nomen: das Gelesene
Das Partizip Perfekt wird benötigt bei der Bildung der **zusammengesetzten Zeitformen** und beim **Passiv**.
**Beispiele:** Sie hat das Buch gelesen. (✓ Perfekt S. 22)
Sie hatte das Buch gelesen. (✓ Plusquamperfekt S. 22)
Das Buch wurde gelesen. (✓ Passiv S. 27)

## Weitere Unterscheidungen von Verben

**Transitive und intransitive Verben**
Transitive Verben verlangen im Satz eine Ergänzung im
4. Fall. (✓ Akkusativobjekt S. 75)
Sie **sieht die Freundin**.
Intransitive Verben benötigen im Satz keine Ergänzung.
Sie **kommt**. Er **weint**.

**Reflexive (rückbezügliche) Verben**
Diese treten in Verbindung mit einem Reflexivpronomen
(rückbezügliches Fürwort) auf.
Sie **freut sich** über die Postkarte. (Infinitiv: sich freuen)

**Schwache (regelmäßige), starke (unregelmäßige) Verben**
Bei schwachen Verben wird der Stammvokal des konjugierten
Verbs nicht verändert.
reden – sie redet – sie hat geredet
Bei starken Verben wird der Stammvokal verändert.
finden – sie fand – sie hat gefunden

**Persönliche und unpersönliche Verben**
Persönliche Verben können alle Formen bilden.
**Ich** komme, **du** kommst ...
Unpersönliche Verben können nur die 3. Person Singular bilden. **Es** regnet. **Es** schneit.

**DAS VERB**

## Konjugation von Verben

Verben werden im Satz konjugiert (gebeugt). Die Konjugation von Verben ist durch unterschiedliche Merkmale bestimmt:

- **Person und Numerus (Anzahl): ich** schreib**e**, **wir** schreib**en**
- **Tempus (Zeit):** ich schreibe, ich schrieb ...
- **Genus des Verbs (Handlungsart):** er schreibt eine Geschichte (Aktiv) – eine Geschichte wird (von ihm) geschrieben (Passiv)
- **Modus (Aussageweise):** er schreibt, er hätte geschrieben, er würde schreiben
  Konjugationstabellen ↗ S. 38.

### Person und Numerus (Anzahl)

Bei der im Satz konjugierten Form des Verbs spricht man auch von der Personalform des Verbs, weil in den Verbformen auch die Person (bzw. die Sache) ausgedrückt wird: die Person, die spricht (ich), die Person, die angesprochen wird (du), und die Person bzw. die Sache, über die gesprochen wird (er, sie, es). Bei der Person unterscheidet man neben der 1., 2. und 3. Person auch die Anzahl Singular (Einzahl) und Plural (Mehrzahl).

| | | |
|---|---|---|
| 1. Person | | ich gehe |
| 2. Person | Singular | du gehst |
| 3. Person | | er/sie/es geht |
| 1. Person | | wir gehen |
| 2. Person | Plural | ihr geht |
| 3. Person | | sie gehen |

**Beispiel** für ein reflexives Verb (↗ S. 18):

| | | |
|---|---|---|
| 1. Person | | ich bedanke mich |
| 2. Person | Singular | du bedankst dich |
| 3. Peson | | er/sie/es bedankt sich |
| 1. Person | | wir bedanken uns |
| 2. Person | Plural | ihr bedankt euch |
| 3. Person | | sie bedanken sich |

## Tempus (Zeit)

Das Verb heißt auf Deutsch auch Zeitwort, weil man mit Verbformen Angaben zur Zeit machen kann. Mit den Tempusformen kann man sich auf ein gegenwärtiges, auf ein vergangenes oder auf ein zukünftiges Geschehen beziehen. Bezugspunkt ist der Zeitpunkt, zu dem eine Äußerung gemacht wird.

| | Tempus | Beispiel |
|---|---|---|
| vergangen ← | Plusquamperfekt (Vorvergangenheit) | ich hatte geschrieben |
| | Präteritum (Vergangenheitsform) | ich schrieb |
| | Perfekt (abgeschlossen, mit Bezug zur Gegenwart) | ich habe geschrieben |
| gegenwärtig ← | Präsens (Gegenwartsform) | ich schreibe |
| zukünftig ← | Präsens | morgen schreibe ich |
| | Futur I (Zukunftsform) | ich werde schreiben |
| | Futur II | ich werde geschrieben haben |

| vergangen | | | gegenwärtig |
|---|---|---|---|
| Plusquamperfekt | Präteritum | Perfekt | Präsens |
| ich hatte geschrieben | ich schrieb | ich habe geschrieben | ich schreibe |

**DAS VERB** 21

Man unterscheidet insgesamt sechs Tempusformen.

- **Präsens**
  **Beispiele:** du schreibst, er lacht
- **Perfekt**
  **Beipiele:** du hast geschrieben, er hat gelacht
- **Präteritum (Imperfekt)**
  **Beispiele:** du schriebst, er lachte
- **Plusquamperfekt**
  **Beispiele:** du hattest geschrieben, er hatte gelacht
- **Futur I**
  **Beispiele:** du wirst schreiben, er wird lachen
- **Futur II**
  **Beispiele:** du wirst geschrieben haben, er wird gelacht haben

**Präsens**

Mit dem Präsens kann man auf unterschiedliche Zeiten verweisen:

1. Tatsächliche Gegenwart: Ich **schreibe**.
2. Ein Geschehen wiederholt sich regelmäßig oder ist allgemeingültig: Ich **gehe** morgens zur Schule.
   Köln **liegt** am Rhein.
3. Ein Geschehen wird in der Zukunft eintreten: Morgen **gehe** ich ins Kino.
4. In einer Erzählung wird das Tempus gewechselt, weil der Erzähler das Geschehen vergegenwärtigen will: Sie **sah** plötzlich Licht und **stürzte** darauf zu. Die Tür **steht** weit offen.

| Präsens (mit Verweis auf die Zukunft) | Futur I | zukünftig Futur II |
|---|---|---|
| morgen schreibe ich | ich werde schreiben | ich werde geschrieben haben |

**Perfekt** (Vollendete Gegenwart)

Das Perfekt ist auf die Gegenwart bezogen. Es zeigt an, dass eine Handlung zwar schon abgeschlossen ist, aber noch einen Bezug zur Gegenwart hat. Der Sprecher/die Sprecherin ist an dem vergangenen Ereignis noch stark beteiligt. Das Perfekt wird besonders häufig in Gesprächen verwendet.

✖ **Beispiel:** Ich bin vielleicht erleichtert! Gestern **habe** ich in Mathe eine Zwei **geschrieben**.

Das Perfekt wird auf folgende Weise gebildet:

| Personalform von *haben* oder *sein* im Präsens | + Partizip Perfekt des Verbs |
|---|---|
| sie **hat** | **geschrieben** |
| er **ist** | **gekommen** |
| wir **haben** | **empfohlen** |

**Präteritum** (Imperfekt/Vergangenheit; lat.: das Vorübergegangene)

Das Präteritum zeigt an, was vergangen und abgeschlossen ist und keinen Bezug mehr zur Gegenwart hat. Es ist die typische Zeitform in Märchen, Sagen und anderen Erzählungen.

✖ **Beispiel:** Im Lande Nirgendwo **lebte** einst eine schöne Prinzessin.

**Plusquamperfekt** (Vorvergangenheit; lat.: mehr als vollendet)

Diese Tempusform wird oft im Zusammenhang mit dem Präteritum gebraucht. Sie zeigt an, was bereits vor dem vergangenen Ereignis passiert war.

✖ **Beispiel:** Es ist jetzt 11 Uhr und ich bin wieder zu Hause. Meine Schwester fragt: „Bist du schon wieder da?" Sie wundert sich, denn vor etwa einer Stunde hatte ich das Haus verlassen, um ins Schwimmbad zu gehen. Ich antworte ihr: „Als ich das Schwimmbad sah, fiel mir ein, dass ich die Badehose **vergessen hatte**."

## DAS VERB

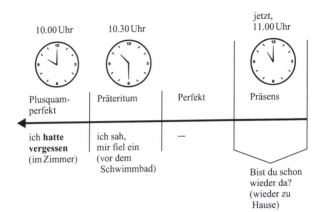

Das Plusquamperfekt wird auf folgende Weise gebildet:

| Personalform von *haben* oder *sein* im Präteritum | + Partizip Perfekt des Verbs |
|---|---|
| er **hatte** | **geschrieben** |
| sie **war** | **gekommen** |

### Futur I
Mit dieser Form kann man anzeigen, was in Zukunft sein wird.
So wird das Futur I gebildet:

| Personalform von *werden* im Präsens | + Infinitiv des Verbs |
|---|---|
| ich **werde** | **kommen** |
| du **wirst** | **bleiben** |

**Futur II**
Bei dieser selten vorkommenden Form stellt sich der Sprecher/die Sprecherin vor, dass er/sie aus der Zukunft heraus etwas Vergangenes betrachtet.

**Beispiel:** Morgen um diese Zeit **werde** ich den Eignungstest bereits **überstanden haben**.

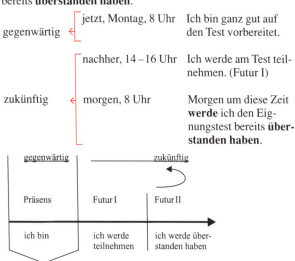

Das Futur II wird auf folgende Weise gebildet:

| Personalform von *werden* im Präsens | + Partizip Perfekt des Verbs | + Infinitiv von *haben* oder *sein* |
|---|---|---|
| ich **werde** | **überstanden** | haben |
| er **wird** | **geprüft** | haben |
| wir **werden** | **angekommen** | sein |
| ihr **werdet** | **weggefahren** | sein |

## Zeitenfolge

Mit den Zeitformen können Zeitfolgen und Zeitzusammenhänge im Satz ausgedrückt werden. Alles, was gesagt, gedacht oder geschrieben wird, steht in einem bestimmten Bezug zur Zeit.

Beispiele:

| Es ist kurz vor 8 Uhr abends. Die Party beginnt. | Zeitbezug |
|---|---|
| ① In Kühltaschen sind die Getränke herangeschafft worden. Tempusform: Perfekt | vor einiger Zeit |
| ② Lara und Stefan übernehmen die Getränkeausgabe. Tempusform: Präsens | jetzt |
| ③ a) Beide teilen sich die Arbeit nachher gut ein. Tempusform: Präsens mit Verweis auf die Zukunft (Zeitadverb *nachher*) | nachher |
| ③ b) Beide werden sich die Arbeit gut einteilen. Tempusform: Futur I | nachher |

Bei den Beispielen ①–③ ist der Bezugspunkt die Gegenwart. Berichtet man über eine Party in der Vergangenheit, müssen die Zeitformen entsprechend geändert werden ④–⑥.

| Vor einem Jahr abends gegen 8 Uhr: | |
|---|---|
| ④ In Kühltaschen waren die Getränke herangeschafft worden. Tempusform: Plusquamperfekt | Vorzeitigkeit |
| ⑤ Lara und Stefan übernahmen die Getränkeausgabe. Tempusform: Präteritum (Imperfekt) | Gleichzeitigkeit |
| ⑥ Beide teilten sich die Arbeit anschließend gut ein. Tempusform: Präteritum (Imperfekt) | Nachzeitigkeit |

Liegt der Bezugspunkt in der Zukunft ⑦–⑨, müssen die Zeitformen entsprechend verändert werden.

| Es ist etwa 7 Uhr abends. In einer Stunde beginnt die Party. | |
|---|---|
| ⑦ In Kühltaschen werden die Getränke dann herangeschafft worden sein.<br>Tempusform: Futur II | Vorzeitigkeit |
| ⑧ a) Lara und Stefan übernehmen dann gleich die Getränkeausgabe.<br>Tempusform: Präsens mit Verweis auf die Zukunft | Gleichzeitigkeit |
| ⑧ b) Lara und Stefan werden die Getränkeausgabe übernehmen.<br>Tempusform: Futur I | Gleichzeitigkeit |
| ⑨ Beide werden sich die Arbeit gut einteilen. | Nachzeitigkeit |

 **Beachte:** Bei einem **Satzgefüge**, das mindestens aus einem Hauptsatz und einem Gliedsatz besteht, kommt es darauf an, ob der im Gliedsatz dargestellte Vorgang gleichzeitig mit dem des Hauptsatzes abläuft, vorzeitig oder nachzeitig.

| | **Gliedsatz** | **Hauptsatz** |
|---|---|---|
| ① Vorzeitigkeit | Nachdem Jana ihre Hausarbeiten erledigt hat, | trifft sie sich mit ihrer Freundin. |
| ② Gleichzeitigkeit | Während sie sprach, | zwinkerte er ihr zu. |
| ③ Nachzeitigkeit | Bevor er nachher losfährt, | versorgt er noch seinen Dackel. |

**DAS VERB**

### Genus des Verbs: Aktiv und Passiv
*(Handlungsarten; Plural: Genera; lat.: Geschlecht des Verbs)*

In der deutschen Sprache unterscheidet man zwei Handlungsarten oder Sehrichtungen für das Verb:

- das **Aktiv** („Tatform")
- das **Passiv** („Leideform")

Die deutschen Bezeichnungen „Tatform" und „Leideform" sind noch gebräuchlich, aber sie verdeutlichen nicht immer den Sachverhalt.

**Beispiele:** Er **lebt** in Leipzig. („Tatform", doch keine Tätigkeit)
Tina **wird gefahren.** („Leideform", doch kein Leiden)

Das **Aktiv** stellt den Handelnden, den Urheber, den, der die Handlung ausführt, in den Vordergrund. Es handelt sich dabei um eine „täter"bezogene Sicht der Darstellung.
**Beispiel: Rabea fährt** in die Stadt.
Im **Passiv** wird das Geschehen aus der Sicht des „Betroffenen" dargestellt.
**Beispiel: Rabea wird** (von ihrer Mutter) in die Stadt **gefahren.**
Der „Täter" (im Beispielsatz die Mutter) kann erwähnt werden, er kann aber auch ganz wegfallen. Man spricht in diesen Fällen auch von einem täterabgewandten Passiv bzw. einem täterlosen Passiv.

In Texten wird immer dann, wenn es um handlungsorientierte Darstellung geht, das Aktiv im Vordergrund stehen (zum Beispiel in Erzählungen); immer dann, wenn Sachverhalte im Vordergrund stehen, kann der Gebrauch des Passivs sinnvoll sein (zum Beispiel bei Gebrauchsanleitungen).

**Beispiele:** ... Es **war** kurz vor Mitternacht. Sie **wachte** plötzlich **auf**; da **hörte** sie etwas vor der Tür. Ein unbekanntes Wesen **schlurfte** vorbei ...
... Zunächst **wird** etwas Fett in die Pfanne **gegeben**; dann **werden** Speckwürfel **ausgelassen** ...

**WORTARTEN**

Beim Passiv unterscheidet man zwei Formen:

◆ **Vorgangspassiv**
Hierbei wird der Vorgang und Ablauf hervorgehoben:
Das Auto **wird repariert**.
Das Vorgangspassiv wird mit einer Form von *werden* gebildet.

◆ **Zustandspassiv**
Hierbei wird der Zustand betont: Das Auto **ist repariert**.
Das Zustandspassiv wird mit einer Form von *sein* gebildet.
Beide Passivarten sind immer zusammengesetzte Verbformen.

| Bildung von Aktiv und Passiv | | |
|---|---|---|
| | **Aktiv** | **Passiv** |
| Präsens | ich rufe | ich werde gerufen |
| | du rufst | du wirst gerufen |
| Perfekt | ich habe gerufen | ich bin gerufen worden |
| | du hast gerufen | du bist gerufen worden |
| Präteritum | ich rief | ich wurde gerufen |
| | du riefst | du wurdest gerufen |
| Plusquam-perfekt | ich hatte gerufen | ich war gerufen worden |
| | du hattest gerufen | du warst gerufen worden |
| Futur I | ich werde rufen | ich werde gerufen werden |
| | du wirst rufen | du wirst gerufen werden |
| Futur II | ich werde gerufen haben | ich werde gerufen worden sein |
| | du wirst gerufen haben | du wirst gerufen worden sein |

**DAS VERB**  **29**

## Modus (Aussageweise)
*(Plural: Modi; lat.: die Art und Weise)*

Den Modus des Verbs gebraucht man, wenn man ausdrücken will, ob etwas wirklich, unwirklich, möglich, nicht möglich, wünschenswert oder notwendig ist.

Es gibt **drei Modalformen des Verbs: Indikativ, Konjunktiv** und **Imperativ**.

a) **Indikativ** (Wirklichkeitsform)
Im Satz wird etwas als eindeutig und gegeben hingestellt.

**Beispiel:** Pauline übernimmt das Amt der Klassenbuchführerin.

b) **Konjunktiv** (Möglichkeitsform)
Man drückt damit aus, dass das Gesagte weniger direkt, wirklich oder gewiss ist. Man gibt etwas wieder, das man gehört hat, oder man stellt sich etwas vor.

**Konjunktiv I** (oder Konjunktiv Präsens)
Dieser Modus unterscheidet sich nur in der 2. und 3. Person Singular und zum Teil in der 2. Person Plural von den jeweiligen Formen des Indikativs.

| Indikativ | Konjunktiv I |
|---|---|
| sie meint | sie **meine** |
| sie weiß | sie **wisse** |

Der Konjunktiv I kann in verschiedenen Zeiten gebildet werden und zwar im Präsens, im Perfekt, im Futur I und II.

| | Indikativ | Konjunktiv I |
|---|---|---|
| Präsens | sie kommt | sie komme |
| Perfekt | sie ist gekommen | sie sei gekommen |
| Futur I | sie wird kommen | sie werde kommen |
| Futur II | sie wird gekommen sein | sie werde gekommen sein |

◇ Wichtig ist der Konjunktiv I bei der Kennzeichnung der **indirekten Rede**. Es wird damit die Distanz zum Inhalt der wörtlichen Rede zum Ausdruck gebracht.

✖ **Beispiel:** Sven teilt den anderen mit, Pauline **übernehme** das Amt der Klassenbuchführerin.

**Konjunktiv II** (oder Konjunktiv Präteritum)
Der Sprecher stellt sich etwas vor oder denkt etwas, er stellt etwas als unwirklich, nur wünschenswert dar.

✖ **Beispiele:** Wenn ich doch reich **wäre**!
Ich **käme** mit, wenn ich **könnte**.

Der Schriftsteller Wilhelm Busch drückt dies so aus:

**Was wäre wenn?**
Wenn alles sitzen bliebe,
Was wir in Hass und Liebe
So voneinander schwatzen;
Wenn Lügen Haare wären,
Wir wären rau wie Bären
Und hätten keine Glatzen.

Der Konjunktiv II wird in vier verschiedenen Zeiten gebildet: im Präsens, im Perfekt, im Futur I und Futur II.

|  | **Indikativ** | **Konjunktiv II** |
|---|---|---|
| Präsens | sie kommt | sie käme |
| Perfekt | sie ist gekommen | sie wäre gekommen |
| Futur I | sie wird kommen | sie würde kommen |
| Futur II | sie wird gekommen sein | sie würde gekommen sein |

**DAS VERB** 31

◇ In der **indirekten Rede** wird der Konjunktiv II verwendet, wenn die Formen des Konjunktiv I mit dem Indikativ verwechselt werden könnten.

✖ **Beispiel:**

| Direkte Rede | Indikativ: | Wir haben ganz schön viel Glück gehabt. |
|---|---|---|
| Indirekte Rede | (Konjunktiv I: | Meine Mutter meint, wir haben ganz schön viel Glück gehabt.) |
| | Konjunktiv II: | Meine Mutter sagt, wir hätten ganz schön viel Glück gehabt. |

c) **Imperativ** (Befehlsform/Aufforderungsform)
Mit dieser Verbform fordert man jemanden zu etwas auf. Diese Form kommt nur in der 2. Person (Singular und Plural) des Präsens vor.

✖ **Beispiele: Komm** her! **Lasst** das sein! **Zeig** mir bitte dein Heft!

Eine **Aufforderung** (↗ Aufforderungssatz S. 67) kann sprachlich auf sehr unterschiedliche Weise ausgedrückt werden:

◆ Imperativ: Bleib hier!
◆ Partizip: Hier geblieben!
◆ Indikativ: Du bleibst hier!
◆ Modalverb: Du wolltest doch hier bleiben!
◆ Konjunktiv II: Es wäre schön, wenn du hier bliebst!

## Überblick: Indikativ und Konjunktiv

| Modus<br>Tempus | Indikativ |
|---|---|
| Präsens | ich gebe<br>du gibst<br>er gibt<br>es ist |
| Perfekt | ich habe gegeben<br>du hast gegeben<br>er hat gegeben<br>es ist gewesen |
| Präteritum | ich gab<br>du gabst<br>er gab<br>es war |
| Plusquam-<br>perfekt | ich hatte gegeben<br>du hattest gegeben<br>er hatte gegeben<br>es war gewesen |
| Futur I | ich werde geben<br>du wirst geben<br>er wird geben<br>es wird sein |
| Futur II | ich werde gegeben haben<br>du wirst gegeben haben<br>er wird gegeben haben<br>es wird gewesen sein |

DAS VERB 33

| Konjunktiv I | Konjunktiv II |
|---|---|
| ich gebe<br>du gebest<br>er gebe<br>es sei | ich gäbe<br>du gäbest<br>er gäbe<br>es wäre |
| ich habe gegeben<br>du habest gegeben<br>er habe gegeben<br>es sei gewesen | ich hätte gegeben<br>du hättest gegeben<br>er hätte gegeben<br>es wäre gewesen |
| – | – |
| – | – |
| ich werde geben<br>du werdest geben<br>er werde geben<br>es werde sein | ich würde geben<br>du würdest geben<br>er würde geben<br>es würde sein |
| ich werde gegeben haben<br>du werdest gegeben haben<br>er werde gegeben haben<br>es werde gewesen sein. | ich würde gegeben haben<br>du würdest gegeben haben<br>er würde gegeben haben<br>es würde gewesen sein |

### Überblick: Zur Konjugation von Verben

Mit einem konjugierten Verb kann man im Satz Unterschiedliches ausdrücken:

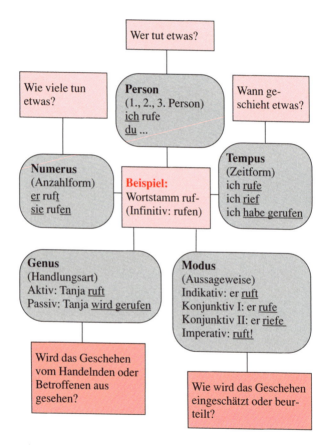

**DAS VERB** 35

## Modalverben

Urteile, Wertungen und Einschätzungen kann man auch mit Hilfe von Modalverben ausdrücken. Modalverben machen zum Beispiel deutlich, ob etwas möglich, erwünscht, gefordert wird.

**Beispiele:**

| Ich | muss soll darf kann will mag | heute lesen. |
|-----|------|------|

↗ Konjugation der Modalverben in Auswahl S. 42

## Zur Bildung von Verben

(↗ Bildung von Nomen S. 47, ↗ Bildung von Adjektiven S. 57)

Neue Verben können durch **Zusammensetzung** von Wörtern oder durch **Ableiten** aus bekannten Wörtern gebildet werden.

- Zusammensetzungen unterschiedlicher Wörter
  **Beispiele:** herankommen, wegfahren, totschweigen, heimfahren, dreiteilen, heißlaufen
- Ableitungen durch Präfix (Vorsilbe), Suffix (Nachsilbe) und Umlaut
  Ableitung aus Verben: schneiden – zerschneiden, treiben – vertreiben, glücken – missglücken, trinken – tränken, erben – enterben
  Ableitung aus Adjektiven: braun – bräunen, faul – faulen, lahm – lähmen, grün – grünen, kurz – kürzen, zahm – zähmen, mäßig – mäßigen, sicher – sichern
  Ableitung aus Nomen: Schlaf – schlafen, Fisch – fischen, Rauch – rauchen, Erde – beerdigen, Dampf – verdampfen

**36** WORTARTEN

## Konjugationstabellen

### Konjugation des Hilfsverbs „sein"

Infinitiv: sein
Imperativ Sg./Pl.: sei! seid!

Partizip I: seiend
Partizip II: gewesen

| Modus | Indikativ | |
|---|---|---|
| **Tempus** | ich bin | |
| | du bist | |
| **Präsens** | er ist | |
| | wir sind | |
| | ihr seid | |
| | sie sind | |
| **Präteritum** | ich war | |
| | du warst | |
| | er war | |
| | wir waren | |
| | ihr wart | |
| | sie waren | |
| **Perfekt** | ich bin gewesen | |
| | du bist gewesen | |
| | er ist gewesen | |
| | wir sind gewesen | |
| | ihr seid gewesen | |
| | sie sind gewesen | |
| **Plusquam-perfekt** | ich war gewesen | |
| | du warst gewesen | |
| | er war gewesen | |
| | wir waren gewesen | |
| | ihr wart gewesen | |
| | sie waren gewesen | |
| **Futur I** | ich werde sein | |
| | du wirst sein | |
| | er wird sein | |
| | wir werden sein | |
| | ihr werdet sein | |
| | sie werden sein | |
| **Futur II** | ich werde gewesen sein | wir werden g. s. |
| | du wirst g. s. | ihr werdet g. s. |
| | er wird g. s. | sie werden g. s. |

**DAS VERB** 37

| Konjunktiv I | Konjunktiv II |
|---|---|
| ich sei | ich wäre |
| du sei(e)st | du wär(e)st |
| er sei | er wäre |
| wir seien | wir wären |
| ihr seiet | ihr wär(e)t |
| sie seien | sie wären |
| – | – |
| ich sei gewesen | ich wäre gewesen |
| du sei(e)st gewesen | du wär(e)st gewesen |
| er sei gewesen | er wäre gewesen |
| wir seien gewesen | wir wären gewesen |
| ihr seiet gewesen | ihr wär(e)t gewesen |
| sie seien gewesen | sie wären gewesen |
| – | – |
| ich werde sein | ich würde sein |
| du werdest sein | du würdest sein |
| er werde sein | er würde sein |
| wir werden sein | wir würden sein |
| ihr werdet sein | ihr würdet sein |
| sie werden sein | sie würden sein |

| ich werde ge-wesen sein | wir werden g. s. | ich würde g. s. | wir würden g. s. |
|---|---|---|---|
| du werdest g. s. | ihr werdet g. s. | du würdest g. s. | ihr würdet g. s. |
| er werde g. s. | sie werden g. s. | er würde g. s. | sie würden g. s. |

**38** WORTARTEN

## Konjugation des Hilfsverbs „haben"

Infinitiv: haben  
Imperativ Sg./Pl.: habe! habt

Partizip I: habend  
Partizip II: gehabt

| Modus | Indikativ | |
|---|---|---|
| **Tempus** | ich habe | |
| | du hast | |
| **Präsens** | er hat | |
| | wir haben | |
| | ihr habt | |
| | sie haben | |
| **Präteritum** | ich hatte | |
| | du hattest | |
| | er hatte | |
| | wir hatten | |
| | ihr hattet | |
| | sie hatten | |
| **Perfekt** | ich habe gehabt | |
| | du hast gehabt | |
| | er hat gehabt | |
| | wir haben gehabt | |
| | ihr habt gehabt | |
| | sie haben gehabt | |
| **Plusquam-perfekt** | ich hatte gehabt | |
| | du hattest gehabt | |
| | er hatte gehabt | |
| | wir hatten gehabt | |
| | ihr hattet gehabt | |
| | sie hatten gehabt | |
| **Futur I** | ich werde haben | |
| | du wirst haben | |
| | er wird haben | |
| | wir werden haben | |
| | ihr werdet haben | |
| | sie werden haben | |
| **Futur II** | ich werde gehabt haben | wir werden g. h. |
| | du wirst g. h. | ihr werdet g. h. |
| | er wird g. h. | sie werden g. h. |

## DAS VERB 39

| Konjunktiv I | Konjunktiv II |
|---|---|
| ich habe | ich hätte |
| du habest | du hättest |
| er habe | er hätte |
| wir haben | wir hätten |
| ihr habet | ihr hättet |
| sie haben | sie hätten |
| – | – |
| ich habe gehabt | ich hätte gehabt |
| du habest gehabt | du hättest gehabt |
| er habe gehabt | er hätte gehabt |
| wir haben gehabt | wir hätten gehabt |
| ihr habet gehabt | ihr hättet gehabt |
| sie haben gehabt | sie hätten gehabt |
| – | – |
| ich werde haben | ich würde haben |
| du werdest haben | du würdest haben |
| er werde haben | er würde haben |
| wir werden haben | wir würden haben |
| ihr werdet haben | ihr würdet haben |
| sie werden haben | sie würden haben |
| ich werde gehabt haben   wir werden g. h.<br>du werdest g. h.   ihr werdet g. h.<br>er werde g. h.   sie werden g. h. | ich würde g. h.   wir würden g. h.<br>du würdest g. h.   ihr würdet g. h.<br>er würde g. h.   sie würden g. h. |

## Konjugation des Hilfsverbs „werden"

Infinitiv: werden  
Imperativ Sg./Pl.: werde! werdet!

Partizip I: werdend  
Partizip II: geworden

| Modus | Indikativ | |
|---|---|---|
| **Tempus** | ich werde | |
| | du wirst | |
| **Präsens** | er wird | |
| | wir werden | |
| | ihr werdet | |
| | sie werden | |
| **Präteritum** | ich wurde | |
| | du wurdest | |
| | er wurde | |
| | wir wurden | |
| | ihr wurdet | |
| | sie wurden | |
| **Perfekt** | ich bin geworden | |
| | du bist geworden | |
| | er ist geworden | |
| | wir sind geworden | |
| | ihr seid geworden | |
| | sie sind geworden | |
| **Plusquam-perfekt** | ich war geworden | |
| | du warst geworden | |
| | er war geworden | |
| | wir waren geworden | |
| | ihr wart geworden | |
| | sie waren geworden | |
| **Futur I** | ich werde werden | |
| | du wirst werden | |
| | er wird werden | |
| | wir werden werden | |
| | ihr werdet werden | |
| | sie werden werden | |
| **Futur II** | ich werde geworden sein | wir werden g. s. |
| | du wirst g. s. | ihr werdet g. s. |
| | er wird g. s. | sie werden g. s. |

## DAS VERB

| Konjunktiv I | Konjunktiv II |
|---|---|
| ich werde | ich würde |
| du werdest | du würdest |
| er werde | er würde |
| wir werden | wir würden |
| ihr werdet | ihr würdet |
| sie werden | sie würden |
| – | – |
| ich sei geworden | ich wäre geworden |
| du sei(e)st geworden | du wär(e)st geworden |
| er sei geworden | er wäre geworden |
| wir seien geworden | wir wären geworden |
| ihr seiet geworden | ihr wär(e)t geworden |
| sie seien geworden | sie wären geworden |
| – | – |
| ich werde werden | ich würde werden |
| du werdest werden | du würdest werden |
| er werde werden | er würde werden |
| wir werden werden | wir würden werden |
| ihr werdet werden | ihr würdet werden |
| sie werden werden | sie würden werden |

| Konjunktiv I | | Konjunktiv II | |
|---|---|---|---|
| ich werde | wir werden g. s. | ich würde g. s. | wir würden g. s. |
| geworden sein | ihr werdet g. s. | du würdest g. s. | ihr würdet g. s. |
| du werdest g. s. | sie werden g. s. | er würde g. s. | sie würden g. s. |
| er werde g. s. | | | |

**42** WORTARTEN

## Konjugation der Modalverben in Auswahl

Infinitiv: können, sollen, müssen, mögen, dürfen, wollen
Partizip II: gekonnt, gesollt, gemusst, gemocht, gedurft, gewollt

| Modus | Konjunktiv I | Konjunktiv II |
|---|---|---|
| **Tempus** | ich könne | ich könnte |
| | du könnest | du könntest |
| **Präsens** | er könne | er könnte |
| | wir können | wir könnten |
| | ihr könnet | ihr könntet |
| | sie können | sie könnten |
| | ich solle | ich sollte |
| | ich müsse | ich müsste |
| | ich möge | ich möchte |
| | ich dürfe | ich dürfte |
| | ich wolle | ich wollte |
| **Perfekt** | ich habe gekonnt | ich hätte gekonnt |
| | du habest gekonnt | du hättest gekonnt |
| | er habe gekonnt | er hätte gekonnt |
| | wir haben gekonnt | wir hätten gekonnt |
| | ihr habet gekonnt | ihr hättet gekonnt |
| | sie haben gekonnt | sie hätten gekonnt |
| **Futur I** | ich werde können | ich würde können |
| | du werdest können | du würdest können |
| | er werde können | er würde können |
| | wir werden können | wir würden können |
| | ihr werdet können | ihr würdet können |
| | sie werden können | sie würden können |
| **Futur II** | ich werde gekonnt haben | ich würde gekonnt haben |
| | du werdest gekonnt haben | du würdest gekonnt haben |
| | er werde gekonnt haben | er würde gekonnt haben |
| | wir werden gekonnt haben | wir würden gekonnt haben |
| | ihr werdet gekonnt haben | ihr würdet gekonnt haben |
| | sie werden gekonnt haben | sie würden gekonnt haben |

# DAS NOMEN (SUBSTANTIV), SEINE BEGLEITER UND STELLVERTRETER

## Das Nomen (Substantiv), seine Begleiter und Stellvertreter

### Das Nomen

*(Substantiv/Namenwort/Hauptwort; das Nomen, Plural: Nomina, lat.: Name, Nennwort; das Substantiv, Plural: Substantive, lat.: selbstständiges Wort)*

Die beiden unterschiedlichen Bezeichnungen Nomen und Substantiv kennzeichnen unterschiedliche Sichtweisen und Leistungen. Die Bezeichnung **Nomen** (Namenwort) verdeutlicht, dass man mit Wörtern dieser Wortart Lebewesen, Dingen, abstrakten Begriffen dieser Welt einen Namen geben kann.
Mit dem Begriff **Substantiv** wird dagegen hervorgehoben, dass es sich um ein selbstständiges Wort handelt, das im Satz besonders wichtig ist (Substanz). Dies drückt auch die deutsche Bezeichnung Hauptwort aus.

Das Nomen (Substantiv) gehört neben Verb und Adjektiv zu den Hauptwortarten.
Mit Nomen (Substantiven) bezeichnet man Lebewesen und Dinge der Welt sowie Vorgänge, Gefühle, Eigenschaften, Begriffe.

Wenn man sich auf eine bestimmte Person, auf ein bestimmtes Tier oder auf einen bestimmten Gegenstand bezieht, dann ist das Nomen ein **Konkretum** (Plural: Konkreta).
**Beispiele:** Lars hat einen **Hund**. Das **Auto** bleibt stehen.

Wenn man sich auf etwas bezieht, das nicht gegenständlich ist oder das ausdrückt, was man denkt oder fühlt, spricht man von **Abstraktum** (Plural: Abstrakta).
**Beispiele:** Freundschaft, Glück, Angst, Liebe, Schicksal

Die genaue Unterscheidung von Konkreta und Abstrakta ist oft schwierig, zum Beispiel kann *Raubtier* ein ganz bestimmtes Raubtier sein (Konkretum) oder, als Begriff aus der Zoologie, eine Sammelbezeichnung für alle Raubtiere (Abstraktum).

**44** WORTARTEN

### Genus (grammatisches Geschlecht)
*(lat.: Geschlecht)*

Jedes Nomen hat ein bestimmtes grammatisches Geschlecht; dieses erkennt man an dem bestimmten **Artikel** (Geschlechtswort oder Begleiter), der vor jedem Nomen stehen kann (der Computer, das Fahrrad, die Aufgabe).
Bei manchen Nomen kann man das Geschlecht auch an der **Endung** erkennen.

**Beispiele:** der Lehr**ling**, der Lehr**er**
die Bäcker**ei**, die Hoffn**ung**, die Freund**schaft**, die Freundlich**keit**
das Pferd**chen**, das Zeug**nis**

Man unterscheidet drei Geschlechter:

- **Femininum** (weiblich): die Lehrerin, die Sonne, die Klugheit
- **Maskulinum** (männlich): der Junge, der Klassenraum, der Glaube
- **Neutrum** (sächlich): das Mädchen, das Pferd, das Gefühl

Grammatisches und natürliches Geschlecht stimmen oft nicht überein.

**Beispiele** für Übereinstimmung: der Mann, die Frau, der Stier, die Kuh, das Buch
**Beispiele** für Nichtübereinstimmung: das Mädchen, der Löffel, die Kanne

Bei bestimmten (gleich lautenden) Nomen ändert sich mit dem Genuswechsel auch die Wortbedeutung.

**Beispiele: der** Tau (Niederschlag) – **das** Tau (dickes Seil)
die Steuer (Abgabe) – das Steuer (Lenkrad)
der Band (Buch) – das Band (zum Binden)
der Bauer (Landwirt) – der/das Bauer (Vogelkäfig)

**DAS NOMEN (SUBSTANTIV), SEINE BEGLEITER UND STELLVERTRETER**

## Kasus (Fall)
*(Plural: Kasus, lat.: Fall)*
Es gibt in der deutschen Sprache **vier Fälle** (Kasus). Mit Hilfe der Kasus kann das Nomen im Satz unterschiedliche Aufgaben übernehmen.

**Beispiel:** Die Schülerin der Klasse 6 a schenkt dem Freund das Buch.

| | | | |
|---|---|---|---|
| die Schülerin | – Nominativ | (1. Fall) | wer oder was? |
| der Klasse | – Genitiv | (2. Fall) | wessen? |
| dem Freund | – Dativ | (3. Fall) | wem? |
| das Buch | – Akkusativ | (4. Fall) | wen oder was? |

## Numerus (Anzahl)
*(Plural: Numeri, lat.: die Zahl)*
Nomen können in der **Einzahl (Singular)** oder in der **Mehrzahl (Plural)** verwendet werden.
**Beispiele:** das Mädchen – die Mädchen
ein Junge – viele Jungen

Einige Nomen können nur im Singular stehen.
**Beispiele:** der Schnee, das Vieh, der Regen

Andere Nomen gibt es nur im Plural.
**Beispiele:** die Geschwister, die Gebrüder, die Unkosten, die Ferien, die Eltern, die Leute

## Deklination (Beugung)
Nomen können je nach Kasus oder Numerus ihre Form verändern. Man sagt dann, dass Nomen dekliniert (gebeugt) werden. Gehört zum Nomen ein Artikel (⭷ Der Artikel S. 49), werden beide zusammen dekliniert.

Auf der folgenden Seite findet sich ein Überblick über die Deklination von Nomen mit bestimmtem Artikel.

## Überblick: Deklination (Beugung) von Nomen und bestimmtem Artikel

| **Numerus** (Anzahl) | **Kasus** (Fall) |
|---|---|
| **Singular** (Einzahl) | 1. Fall: Nominativ (wer? was?)<br>2. Fall: Genitiv (wessen?)<br>3. Fall: Dativ (wem?)<br>4. Fall: Akkusativ (wen? was?) |
| **Plural** (Mehrzahl) | 1. Fall: Nominativ (wer? was?)<br>2. Fall: Genitiv (wessen?)<br>3. Fall: Dativ (wem?)<br>4. Fall: Akkusativ (wen? was?) |

Mit einem deklinierten **Nomen** kann man im Satz Unterschiedliches ausdrücken:

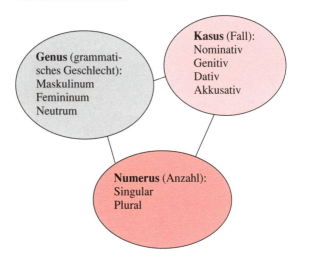

**DAS NOMEN (SUBSTANTIV), SEINE BEGLEITER UND STELLVERTRETER**

| **Genus** (grammatisches Geschlecht) | | |
|---|---|---|
| *Maskulinum* | *Femininum* | *Neutrum* |
| der Mann | die Frau | das Kind |
| des Mannes | der Frau | des Kindes |
| dem Mann | der Frau | dem Kind |
| den Mann | die Frau | das Kind |
| die Männer | die Frauen | die Kinder |
| der Männer | der Frauen | der Kinder |
| den Männern | den Frauen | den Kindern |
| die Männer | die Frauen | die Kinder |

### Zur Bildung von Nomen

(↗ Bildung von Verben S. 35, ↗ Bildung von Adjektiven S. 57)

Neue Nomen lassen sich bilden durch die **Zusammensetzung** von bekannten Wörtern oder durch **Ableitungen** aus verwandten Wörtern.

◆ Zusammensetzung mit der gleichen oder mit einer anderen Wortart
**Beispiele:** Wörterverzeichnis, Rotbarsch, Mitleid, Steilküste, Waschautomat, Blauwal
Das grammatische Geschlecht der Zusammensetzung richtet sich nach dem Grundwort.
**Beispiele:** die Schifffahrt, das Gartenhaus, der Schulhof

◆ Ableitungen durch Präfix (Vorsilbe), Suffix (Nachsilbe) und Umlaut
Ableitung aus Nomen: Bruder – Gebrüder, Balken – Gebälk, Ruhe – Unruhe, Erfolg – Misserfolg, Ort – Ortschaft, Frau – Fräulein
Ableitung aus Verben: wohnen – Wohnung, fischen – Fischer, erziehen – Erziehung, erzeugen – Erzeugnis, fühlen – Gefühl
Ableitung aus Adjektiven: finster – Finsternis, reich – Reichtum, einsam – Einsamkeit, hohl – Höhle, klug – Klugheit

**Beachte:** Auch **Wörter anderer Wortarten** können im Satz **zu Nomen** werden und sind dann großzuschreiben.

Ob eine Wortart als Nomen (Substantiv) gebraucht wird, kann man oft am **Begleiter** erkennen. Dieser Begleiter kann sein:
a) ein Artikel (oft ist der Artikel angegeben, wenn nicht, könnte man ihn vor das zum Nomen gewordene Wort setzen):
Hier ist **(das)** Laufen nicht erlaubt.
**Das** Wenn und Aber ...
**Das** Mein und Dein ...
b) ein Pronomen: **Sein** Klagen war unbegründet.
c) ein Adjektiv: Manchmal ist (ein) **schnelles** Schreiben notwendig.
d) eine Präposition: Sie ging **zum** Spielen. Sie war **am** Arbeiten.
e) ein Wort wie *wenig, alles, viel, etwas, nichts, allerlei* ...: Er erfuhr **viel** Neues.

In manchen Texten treten gehäuft Nomen und Nominalisierungen auf. Man spricht dann vom **Nominalstil**; dieser begegnet einem vor allem in Texten der Verwaltung und Justiz.
Im normalen Sprachgebrauch sollte man Nominalisierungen eher sparsam einsetzen. Der jeweilige bessere Ausdruck wird an den folgenden Gegenüberstellungen deutlich:

| | |
|---|---|
| Zu Beginn erfolgte seitens des Dirigenten die Vorstellung der Pianistin zwecks Bekanntmachung gegenüber den Konzertbesuchern. | Zu Beginn stellte der Dirigent den Konzertbesuchern die Pianistin vor. |
| Die Notwendigkeit der Errichtung einer neuen Schule ergab sich aus dem Zuzug vieler junger Familien. | Es musste eine neue Schule errichtet werden, weil in letzter Zeit viele junge Familien neu zugezogen sind. |
| Lehrer zu Schülern: „Die Sauberhaltung eures Klassenraums fällt in euren eigenen Aufgabenbereich." | „Eure Klasse müsst ihr selber sauber halten!" |

**DAS NOMEN (SUBSTANTIV), SEINE BEGLEITER UND STELLVERTRETER**

### Der Artikel
*(Geschlechtswort/Begleiter; Plural: die Artikel,*
*lat.: Gelenk)*

Der Artikel begleitet das Nomen, zeigt dessen grammatisches Geschlecht an (Geschlechtswort) und wird mit dem Nomen zusammen dekliniert (gebeugt).

#### Bestimmter und unbestimmter Artikel
Man unterscheidet

◆ den **bestimmten Artikel**: der Hund, die Katze, das Pferd, die Pferde
◆ **den unbestimmten Artikel**: ein Hund, eine Katze, ein Pferd

Im Plural gibt es keinen unbestimmten Artikel. Das Nomen wird entweder ohne Artikel verwendet oder man behilft sich mit Pronomen (Fürwörtern, ↗ S. 51) wie: *viele, manche, einige.*

Benutzt man den bestimmten Artikel, ist das Nomen dadurch als bekannt gekennzeichnet.

**Beispiel: Der** Klassenlehrer **der** Klasse 7 b **heißt** Schneider.

Wenn man den unbestimmten Artikel verwendet, kennzeichnet man das Nomen als noch nicht bekannt oder als im Text noch nicht genannt.

**Beispiel:** ... **Ein** Löwe lag schlafend in **einer** Höhle und **eine** Maus lief munter auf seinem Kopf herum. Da wachte der Löwe plötzlich auf ...

Der Artikel kann in eine Präposition (↗ S. 58) eingeschlossen sein.

**Beispiel:** Er setzte sich **ans** Fenster.
Weitere Beispiele: aufs, beim, im, ins, fürs, vorm, zum, zur

## Deklination

Der Artikel wird gemeinsam mit dem Nomen dekliniert
(↗ Deklination von Nomen S. 45).

### bestimmter Artikel

|  | *Maskulinum* | *Femininum* | *Neutrum* |
|---|---|---|---|
| **Singular** (Einzahl) | der Hund<br>des Hundes<br>dem Hund<br>den Hund | die Katze<br>der Katze<br>der Katze<br>die Katze | das Tier<br>des Tieres<br>dem Tier<br>das Tier |
| **Plural** (Mehrzahl) | die Hunde<br>der Hunde<br>den Hunden<br>die Hunde | die Katzen<br>der Katzen<br>den Katzen<br>die Katzen | die Tiere<br>der Tiere<br>den Tieren<br>die Tiere |

### unbestimmter Artikel

|  | *Maskulinum* | *Femininum* | *Neutrum* |
|---|---|---|---|
| **Singular** (Einzahl) | ein Hund<br>eines Hundes<br>einem Hund<br>einen Hund | eine Katze<br>einer Katze<br>einer Katze<br>eine Katze | ein Tier<br>eines Tieres<br>einem Tier<br>ein Tier |

(Vom unbestimmten Artikel lässt sich kein Plural bilden.)

Für Ausländer ist es nicht einfach, den richtigen Artikel zu
setzen. Das zeigen die Ausführungen des Schriftstellers Mark
Twain über seine Reise nach Europa:

„Im Deutschen hat ein Fräulein kein Geschlecht, wohl aber ein
Kürbis. Welche übermäßige Hochachtung vor dem Kürbis
und welch kaltherzige Missachtung der unverheirateten jungen Dame sich hier verrät! Ein Baum ist männlich, seine
Knospen aber sind weiblich und seine Blätter sächlich, Pferde
sind geschlechtslos, Hunde sind männlich, Katzen weiblich,
Mund, Hals, Busen, Ellenbogen, Finger, Nägel, Füße und
Rumpf eines Menschen sind männlichen Geschlechts, was auf
dem Hals sitzt, ist entweder männlich oder sächlich, aber das
richtet sich nach dem Wort, das man dafür benutzt ...“

**DAS NOMEN (SUBSTANTIV), SEINE BEGLEITER UND STELLVERTRETER**

## Das Pronomen
*(Fürwort; Plural: Pronomina; lat.: für das Nomen)*

Ein Pronomen kann im Satz für ein Nomen stehen.

**Beispiel:** Karin      füttert      den Hund.
            **Sie**        füttert      **ihn**.

Viele Pronomen können auch, wie der Artikel, das Nomen begleiten.
**Beispiel: Dieser** Hund gehört Carina.
Es ist **ihr** Hund.

Es gibt mehrere Arten von Pronomen, die jeweils unterschiedliche Funktionen haben.
**Beispiel:** Der Friseur rasiert **ihn**. (Personalpronomen)
Er rasiert **sich** (selbst). (Reflexivpronomen)
↗ Unterschiedliche Pronomen und ihre Funktionen S. 54

### Deklination
Pronomen lassen sich, mit dem Nomen zusammen oder allein, deklinieren (↗ Deklination von Nomen S. 45).

**Beispiel:** Demonstrativpronomen im *Maskulinum*

| **Singular** (Einzahl) | Nominativ | dieser Hund |
| | Genitiv | dieses Hundes |
| | Dativ | diesem Hund |
| | Akkusativ | diesen Hund |
| **Plural** (Mehrzahl) | Nominativ | diese Hunde |
| | Genitiv | dieser Hunde |
| | Dativ | diesen Hunden |
| | Akkusativ | diese Hunde |

**Beispiel:** Indefinitpronomen (↗ Unterschiedliche Pronomen und ihre Funktionen S. 54)

| Nominativ | jemand |
|-----------|--------|
| Genitiv | jemandes |
| Dativ | jemand/jemandem |
| Akkusativ | jemand/jemanden |

**Überblick: Deklination des Personalpronomens**

|  |  | 1. Person | 2. Person |
|---|---|---|---|
| **Singular** (Einzahl) | Nominativ<br>Genitiv<br>Dativ<br>Akkusativ | ich<br>meiner<br>mir<br>mich | du<br>deiner<br>dir<br>dich |
| **Plural** (Mehrzahl) | Nominativ<br>Genitiv<br>Dativ<br>Akkusativ | wir<br>unser<br>uns<br>uns | ihr<br>euer<br>euch<br>euch |

 **Beispiele:**

**1. Person**

Ich verreise.
Die Frau erinnert sich **meiner**.
Leih **mir** das Buch.
Pia mag **mich**.

**Wir** verreisen.
Die Frau erinnert sich **unser**.
Leih **uns** das Buch.
Pia mag **uns**.

**2. Person**

Hast **du** daran gedacht?
Er nimmt sich **deiner** an.
Sie hilft **dir**.
Er hat **dich** nicht gesehen.

Habt **ihr** daran gedacht?
Er nimmt sich **euer** an.
Sie hilft **euch**.
Er hat **euch** nicht gesehen.

**3. Person**

**Er** schläft schon.
Der Lehrer erinnert sich **seiner**.
Das Geld gehört **ihr**.
Er denkt an **ihn**.

**Sie** schlafen schon.
Er erinnert sich **ihrer**.
Das Geld gehört **ihnen**.
Er denkt an **sie**.

**DAS NOMEN (SUBSTANTIV), SEINE BEGLEITER UND STELLVERTRETER**

**53**

### 3. Person

| Maskulinum | Femininum | Neutrum |
|---|---|---|
| er | sie | es |
| seiner | ihrer | seiner |
| ihm | ihr | ihm |
| ihn | sie | es |

sie
ihrer
ihnen
sie

**Beachte:** Die Höflichkeitsformen wie *Sie*, *Ihnen*, *Ihre* werden immer großgeschrieben.
**Beispiele:** Im Brief: Ich wünsche **Ihnen** für **Ihren** Urlaub noch gute Erholung. Grüßen **Sie** auch **Ihren** Mann und **Ihren** Sohn von mir.
Tschüs! **Ihre** Tina Carsten

**Beachte:** Die Indefinitpronomen (unbestimmte Fürwörter) *man* und *etwas* lassen sich nicht deklinieren.

In dem folgenden Text arbeitet der Verfasser, R. O. Wiemer, mit einer Häufung von Indefinitpronomen.

„Es war jemand, der hieß Niemand. Niemand hätte ihn für jemand anderen gehalten als Niemand, denn Niemand war niemandem unbekannt. Und wenn Niemand auf der Straße jemandem begegnete, oder gar, wenn Niemand jemanden grüßte, was selten vorkam, denn Niemand freundete sich nur zögernd mit jemandem an, so konnte man jemanden den Hut ziehen sehen und sagen hören: ‚Habe die Ehre, Herr Niemand'..."

**WORTARTEN**

## Überblick: Unterschiedliche Pronomen und ihre Funktionen

| Lateinische Bezeichnung | Personalpronomen | Relativpronomen | Interrogativpronomen |
|---|---|---|---|
| **Deutsche Bezeichnung** | Persönliches Fürwort | Bezügliches Fürwort | Fragefürwort |
| **Leistung/ Funktion** | Es benennt die Rolle im Gespräch: <br> – Sprecher <br> – Angesprochener <br> – Besprochener/s <br> Es vertritt Nomen. | Es zeigt an, auf welches Wort sich der nachfolgende Relativsatz bezieht. | Es fragt nach etwas oder nach jemandem, der oder das noch nicht oder noch nicht genau bekannt ist. |
| **Beispiele** | ich, wir, du, ihr, sie, meiner, euer, uns, euch | der, die, das, welcher, welche, welches, wer, was <br><br> Die <u>Kinder</u>, <u>die</u> ins Schullandheim fahren, haben keine Schule. | wer? was? welche/r/n? was für ein? |

**DAS NOMEN (SUBSTANTIV), SEINE BEGLEITER UND STELLVERTRETER**

| Indefinit-pronomen | Possessiv-pronomen | Demonstra-tivpronomen | Reflexiv-pronomen |
|---|---|---|---|
| Unbestimmtes Fürwort | Besitzan-zeigendes Fürwort | Hinweisendes Fürwort | Rückbezüg-liches Fürwort |
| Es benennt die Rolle von je-mandem oder von etwas, den oder das man nicht genau kennt oder das man nicht genau bestim-men will. | Es zeigt Besitz oder Zuge-hörigkeit an. | Es zeigt auf jemanden oder etwas, den oder das man kennt. | Es bezieht sich auf das Subjekt des Satzes. |
| einer, man, jemand, etwas, alle | meine Tasche, deine Schuhe, unsere Eltern, meine Klas-senlehrerin | dieser, jener, derjenige, solche | Ich denke mir mein Teil. Jana erinnert sich an mich. |

### Das Adjektiv

*(Eigenschaftswort; Plural: Adjektive, lat.: das Beigefügte)*

Das Adjektiv gibt Eigenschaften von Lebewesen, Dingen, Tätigkeiten, Vorgängen und Zuständen an. Die Eigenschaften lassen sich mit der Frage „Wie ist es?" ermitteln.

Das Adjektiv tritt im Satz vor allem in folgender Weise auf:

- **attributiv**
  Es kennzeichnet im Satz (als Attribut/Beifügung, ↗ S. 79) ein Nomen genauer und wird mit diesem zusammen dekliniert.
  **Beispiel:** Tim hat einen **kleinen** Hund. (Wie ist der **Hund**?)
- **prädikativ**
  Es kennzeichnet im Satz das Verb (als Satzglied Prädikat, ↗ S. 73). Dabei wird es nicht dekliniert.
  **Beispiel:** Johanna singt **fröhlich**. (Wie **singt** Johanna?)

### Vergleichsformen und Steigerung

Die meisten Adjektive können Vergleichsformen bilden und gesteigert werden.

| | |
|---|---|
| **Positiv** (Grundstufe): | Sven ist ziemlich **groß**. |
| **Komparativ** (Vergleichsstufe): | Pia ist **größer** als Sven. Pia ist eine **größere** Schülerin als Anna. |
| **Superlativ** (Höchststufe): | Lara ist **am größten**. Lara ist die **größte** Schülerin der Klasse. |

 **Fehlerquelle:** Beim Vergleichen von Eigenschaften steht bei der **Grundstufe „wie"** und bei der **Vergleichsstufe „als"**.
**Beispiel:** Sven ist **genauso groß wie** Anna.
Anna ist **größer als** Pauline.

Eine Reihe von Adjektiven wird **unregelmäßig gesteigert**.
**Beispiele:** gut, besser, am besten
viel, mehr, am meisten
hoch, höher, am höchsten
nah, näher, am nächsten

**DAS ADJEKTIV**

◇ Einige Adjektive lassen sich **nicht** steigern, weil sie bereits ein absolutes Urteil oder eine Höchststufe ausdrücken.
**Beispiele:** rund, tot, weiß, schwarz, absolut, ausgezeichnet, einzig

✳ **Fehlerquelle:** Es gibt also keine „einzigste", sondern nur die einzige Jeans.

### Partizip und Adjektiv
*(Partizip von lat.: pars = Teil)*

Das Partizip ist halb Verb und halb Adjektiv. Es gibt zwei Formen von Partizipien. Beide werden vom Verb gebildet.

- **Partizip Präsens** (Partizip I): **singend** von singen
- **Partizip Perfekt** (Partizip II): **aufgeschrieben** von aufschreiben

◇ Man kann beide Formen im Text als Adjektiv gebrauchen. Sie werden deshalb auch wie Adjektive dekliniert.
**Beispiele:** Sie hören den **singenden** Kindern zu.
Er schaut sich die **aufgeschriebene** Geschichte an.

### Zur Bildung von Adjektiven
(↗ Bildung von Nomen S. 47, ↗ Bildung von Verben S. 35)

- **Zusammensetzungen** mit der gleichen Wortart oder mit einer anderen Wortart
  **Beispiele:** hellblau, zuckersüß, schreibfaul, vorschnell, dreieckig, überdeutlich
- **Ableitungen** durch Präfix (Vorsilbe), Suffix (Nachsilbe) und Umlaut
  Ableitung aus Adjektiven: grün – grünlich, krank – kränklich – krankhaft, treu – untreu, alt – uralt, günstig – missgünstig
  Ableitung aus Verben: hören – hörbar, zerbrechen – zerbrechlich, liefern – lieferbar
  Ableitung aus Nomen: Mühe – mühsam, Glas – gläsern, Gold – golden, Macht – mächtig, Eisen – eisern, Weib – weiblich

**58** WORTARTEN

## Die Partikeln
*(Fügewörter, lat.: kleine Teilchen)*

Die Wortarten Präposition (Verhältniswort), Konjunktion (Bindewort), Adverb (Umstandswort) und Interjektion (Empfindungswort) zählen zu den Partikeln. Sie werden im Satz **nicht flektiert**. Als Fügewörter sind diese Wörter in Sätzen und Texten unbedingt notwendig. Das zeigt die folgende kurze Nachricht, in der die Partikeln unterstrichen sind.

> **Füchse <u>übers</u> Eis**
> Füchse bedrohen den Seevogelbestand <u>und</u> das ökologische Gleichgewicht der Nordseeinsel Amrum. Die Tiere hätten <u>im</u> Winter <u>von</u> Sylt <u>aus</u> den Weg <u>über</u> das Eis <u>zur</u> <u>bisher</u> fuchsfreien Nachbarinsel gefunden <u>oder</u> seien absichtlich ausgesetzt worden, berichtete <u>am</u> Freitag Naturschutzbeauftragter Georg Quedens.

## Die Präposition
*(Verhältniswort/Fügewort; Plural: die Präpositionen, von lat.: präponere = voranstellen)*

Präpositionen fügen Satzglieder in den Satz ein. Dies drückt auch die deutsche Bezeichnung Fügewort aus. Sie können vor einem Nomen (Substantiv), einem Pronomen oder auch vor einem Adverb oder Adjektiv stehen.

Im Satz geben die Präpositionen **Beziehungsverhältnisse** an.

✖ **Beispiele:**
Sie steht **mit** ihrer Freundin **auf** dem Schulhof. ①
Sie läuft jeden Tag **zwischen** fünf und sechs eine kleine Runde. ②
Das Bild hält sie **für** gut. ③

## DIE PARTIKELN

**Präposition und Kasus**
Die meisten Präpositionen fordern im Satz einen bestimmten Kasus (Fall) (↗ Kasus von Nomen S. 45).

- **Genitiv:** infolge, jenseits, während
- **Dativ:** außer, bei, mit, nach, seit, zu
- **Genitiv oder Dativ:** trotz, wegen
- **Akkusativ:** durch, für, gegen, ohne, um, wider
- **Dativ oder Akkusativ:** an, auf, hinter, in, neben, über, unter, vor, zwischen

**Lerntipp:** Mit Hilfe von Fragen kann man herausfinden, welche der möglichen Präpositionen den Dativ und welche den Akkusativ fordert.

Auf die Frage **Wo?** folgt der **Dativ**.
**Beispiel:** Sie sitzt **an dem braunen Pult**.
Frage: Wo sitzt sie?
Antwort: An dem braunen Pult.

Auf die Frage **Wohin?** folgt der **Akkusativ**.
**Beispiel:** Sie geht **in das Klassenzimmer**.
Frage: Wohin geht sie?
Antwort: In das Klassenzimmer.

### Präposition und Verb

Manche Präpositionen gehören fest zu bestimmten Verben. Sie fügen ein Satzglied als notwendiges, vom Verb gefordertes (präpositionales) Satzglied in den Satz ein (↗ präpositionales Objekt S. 76).
**Beispiel:** Wir **hoffen auf** besseres Wetter.
Diese Präpositionen zeigen jedoch keine besonderen Bedeutungsverhältnisse wie Zeit, Raum oder Ort auf.
**Beispiele:** achten **auf**, sich erinnern **an**, bangen **um**, sich kümmern **um**, warten **auf**

### Präposition und Artikel

Im Satz verschmelzen manchmal Präposition und Artikel zu einem Wort.
**Beispiele:** **bei** dem Spiel – **beim** Spiel
**an** das Arbeiten – **ans** Arbeiten

### Präposition und Konjunktion

Manche Präpositionen können auch als Konjunktionen (↗ S. 61) gebraucht werden, zum Beispiel: als, während, bis.
**Beispiele:**
Präposition:    Er wartete **bis** fünf Uhr.
Konjunktion:   Er wartete so lange, **bis** sie endlich kam.

Präposition: **Während** seiner Abwesenheit wurde bei ihm eingebrochen.
Konjunktion: **Während** er außer Haus war, wurde bei ihm eingebrochen.

**DIE PARTIKELN**    **61**

## Die Konjunktion

*(Bindewort; Plural: die Konjunktionen, lat.: coniungere = verbinden; ↗ Satzverbindungen S. 88)*

Die Bezeichnung **Bindewort** verweist auf die Aufgabe dieser Wortart im Satz. Mit Konjunktionen kann man Wörter, Satzglieder und Sätze verbinden.

### Nebenordnende Konjunktionen

Diese verbinden **gleichrangige** Wörter, Wortgruppen und Sätze miteinander.

**Beispiel** für die Verbindung gleichrangiger Wörter:
Larissa **und** Tina sind gute Freundinnen.
**Beispiel** für die Verbindung gleichrangiger Wortgruppen:
Sie sprechen über die erste Tanzstunde, die letzte Klassenarbeit **sowie** über allerlei Heimlichkeiten.
**Beispiel** für die Verbindung gleichrangiger Sätze:
Sie kann zwar nicht gut zeichnen, **aber** dafür kann sie gut singen.

### Bedeutungsleistungen im Überblick:

◆ Verbindung, Reihung (kopulativ): und, sowie, sowohl ... als auch, das heißt, weder ... noch
**Beipiel:** Als Kind hat er **sowohl** die Masern **als auch** die Windpocken durchgemacht.

◆ Grund, Ursache (kausal): denn, daher, darum, deshalb, also
**Beispiel:** Es könnte wirklich sein, dass es gleich regnet, **deshalb** haben wir es so eilig.

◆ mehrere Möglichkeiten (alternativ): oder, entweder ... oder, beziehungsweise
**Beispiel:** Entweder wir bekommen noch Karten für das Festival **oder** wir müssen uns die Übertragung im Radio anhören.

◆ Gegenteil (adversativ): aber, trotzdem, sondern, doch, dennoch
**Beispiel:** Wir haben nicht Erdkunde, **sondern** Geschichte.

◆ Begleitumstände (modal): und, als, je ... desto, insofern
**Beispiel:** Mein kleiner Bruder kennt sich in Sachen Fußball viel besser aus **als** ich.

### Unterordnende Konjunktionen

 Diese Konjunktionen fügen **Gliedsätze** (Nebensätze) in den übergeordneten **Hauptsatz** (oder Trägersatz) ein. Sie verbinden die beiden Sätze zu einem **Satzgefüge** (↗ S. 88).

**Beispiel:**

| Hauptsatz | konjunktionaler Gliedsatz |
|---|---|
|  | Konjunktion |

Mia ist ärgerlich, **weil** manche nicht zu der Fete gekommen sind.

Gliedsätze, die durch eine unterordnende Konjunktion eingeleitet werden, heißen konjunktionale Gliedsätze (↗ S. 87).

**Beachte:** Hauptsatz und Gliedsatz werden immer durch ein **Komma** getrennt.

### Bedeutungsleistungen im Überblick:

- Grund (kausal): da, weil
- Zeit (temporal): nachdem, als, bevor
- Absicht, Zweck (final): damit, dass, auf dass
- Bedingung (konditional): sofern, je nachdem, ob, wenn, falls
- Folge (konsekutiv): so dass, so ... dass, dass
- Gegenteil (adversativ): obgleich, obwohl, anstatt dass

**DIE PARTIKELN** 63

### Das Adverb
*(Umstandswort; Plural: Adverbien, lat.: zum Verb gehörig)*

Das Adverb gehört zu den nicht flektierbaren Wortarten
(↗ S. 15) und bestimmt die näheren **Umstände** eines Gesche-
hens. Dies drückt die deutsche Bezeichnung Umstandswort
aus.
**Beispiele:** heute, gestern, kaum, sehr
Frageadverbien: wann? wie? wo?

Die Bezeichnung Adverb (zum Verb gehörig) ist insofern
missverständlich, als das Adverb im Satz auch in anderen Zu-
sammenhängen auftreten kann.

◆ Das Adverb steht beim **Verb** und kennzeichnet die Tätigkeit
genauer.
**Beispiel:** Sie liest **gern** Krimis.

◆ Das Adverb gehört zum ganzen **Satz**.
**Beispiel:** Er fährt **heute** zum Schwimmbad.

◆ Das Adverb kennzeichnet ein **Adjektiv** genauer.
**Beispiel:** Er fährt **sehr** früh los.

### Bedeutungsleistungen im Überblick

| Ort und Richtung (Lokaladverb) | Zeit (Temporaladverb) |
|---|---|
| (wo? wohin? woher? ...) hier, dort, dorthin, draußen, hierher ... | (wann? wie lange? ...) heute, jetzt, bald, neulich, zunächst, dann ... |
| **Grund (Kausaladverb)** | **Art und Weise (Modaladverb)** |
| (warum?) darum, daher, deshalb ... | (wie? auf welche Weise? ...) sehr, gern, ziemlich, so, möglicherweise ... |

## Adverb und Adjektiv

Adverb und Adjektiv können leicht verwechselt werden.

- Adverb:    Er verabredet sich **heute** mit Anna.
- Adjektiv:   Er verabredet sich am **heutigen** Tag mit Anna.

Im Gegensatz zum Adjektiv kann das Adverb nicht flektiert und in der Regel nicht gesteigert werden.
Im Satz haben Adjektiv und Adverb manchmal gleiche Aufgaben, zum Beispiel in der Rolle eines Adverbiale der Art und Weise (↗ S. 78).

Adverb:    Sie liest **gern**.
Adjektiv:   Sie liest **lange**.

**Beachte:** Das Adverb ist eine Bezeichnung für eine Wortart; es ist nicht zu verwechseln mit dem Begriff Adverbiale (adverbiale Bestimmung/Umstandsbestimmung). Dieser Begriff bezeichnet ein Satzglied und seine Aufgabe im Satz (↗ S. 77).

## Die Interjektion

*(Empfindungswort/Ausrufewort, lat.: das Dazwischengeworfene)*

Interjektionen sind nicht flektierbar. Sie werden häufig in Gesprächen gebraucht und bilden dann, vor allem in gesprochenen Texten, einen Kurzsatz (eine Satzellipse) oder sie werden einem Satz vorangestellt. Sie drücken unterschiedliche **Empfindungen** aus.

**Beispiele: Aua!**
**Ach**, wäre ich doch jetzt bei dir!
**Brrr! Bäh!**
**Ssst**, seid doch mal still!

**DAS NUMERALE**     **65**

## Das Numerale

*(Plural: die Numeralia, lat.: Zahlwort)*

Als Numerale werden alle Wörter bezeichnet, die eine **bestimmte oder unbestimmte Zahl oder Menge** angeben.
Als **Begleiter des Nomens** wird das Numerale auch **Zahladjektiv** genannt.

**Beispiele: viele** Leute, die **zwei** Mädchen.

Als **Vertreter eines Nomens** wird es auch **Numeralpronomen** bzw. **Indefinitpronomen** genannt. (↗ Indefinitpronomen S. 55)

**Beispiele: Einer** wird gewinnen. **Wenige** kamen durch.

Es gibt verschiedene **Arten von Numeralien**. Man unterscheidet zum Beispiel folgende:

- Kardinalzahlen (Grundzahlen): eins, zwei, drei
- Ordinalzahlen (Ordnungszahlen): der Erste, der Zweite
- Bruchzahlen: ein viertel Liter
- Vervielfältigungs- und Wiederholungszahlwörter: einfach, zweimal
- unbestimmte Zahlwörter: einige, mehrere, manche

In dem folgenden Zeitungsbericht tauchen gehäuft Zahlwörter auf.

> **Größte Pizza der Welt: 500 Gäste**
> Die angeblich größte Pizza der Welt mit einem Durchmesser von fünf Metern hat am Wochenende der aus Sardinien nach Spanien ausgewanderte Italiener Augusto Cesare in Aguadulce bei Almería gebacken. Der 36-jährige Pizza-Bäcker verarbeitete bei seiner „Capricciosa" 200 Kilo Mehl, 130 Kilo Käse, 65 Kilo Tomaten, 17 Kilo Kapern, 18 Kilo Champignons und 60 Kilo Thunfisch. 500 Gäste aßen sich an der Pizza satt.

# Vom Satz

## Satzarten

Mit Sätzen kann man unterschiedliche **Absichten** verfolgen. Die Grundabsichten eines jeden Sprechers/einer jeden Sprecherin verdeutlichen die drei Satzarten **Aussagesatz**, **Fragesatz** und **Aufforderungssatz**: etwas aussagen, jemanden nach etwas fragen, jemanden zu etwas auffordern.
Zusätzlich kann man mit Sätzen aber auch noch weitere Absichten ausdrücken: etwas beurteilen, etwas beschreiben, über etwas berichten, etwas erklären, jemanden um etwas bitten, jemandem antworten, seine Gefühle zum Ausdruck bringen.

### Aussagesatz

Mit einem Aussagesatz kann man etwas aussagen, mitteilen, feststellen.
**Beispiel:** Kati kommt heute zur Fete.

Der Aussagesatz schließt mit einem **Punkt** ab. Das finite (gebeugte/konjugierte) **Verb** steht im Aussagesatz **an zweiter Stelle** der Satzglieder.
Bei zusammengesetzten Verben oder Verbformen steht ein Teil des Verbs **am Schluss**.
**Beispiele:** Kati **kommt** heute Abend am Hauptbahnhof **an**.

Kati **wird** heute **kommen**.

Die beiden Teile des Verbs bilden zusammen die **Verbklammer**.

**SATZARTEN** 67

### Fragesatz

Mit einem Fragesatz kann man eine Frage formulieren. Er schließt mit einem **Fragezeichen** ab. Man unterscheidet:

◆ **Entscheidungsfrage**
  **Beispiel: Kommst** du mit?
  Am Anfang steht das **konjugierte** Verb.
  Antwort auf die Entscheidungsfrage: Ja/Nein/Vielleicht
  Die Entscheidungsfrage heißt auch **Satzfrage**, weil der gesamte Inhalt des Fragesatzes bejaht oder verneint wird.

◆ **Ergänzungsfrage oder W-Frage**
  **Beispiel: Wann** kommst du heute Abend?
  Am Anfang des Satzes steht ein **Fragewort**.
  Die Antwort richtet sich nach dem Inhalt der Frage.

### Aufforderungssatz

Das konjugierte Verb steht mit der **Imperativform** (↗ S. 31) **am Anfang**. Der Satz schließt mit einem **Ausrufezeichen**.
**Beispiele: Komm** doch bitte mal her!
**Gebt** mir mal die Hefte rüber!
Neben dem Aufforderungssatz gibt es noch andere Möglichkeiten, Aufforderungen zu formulieren (↗ Indirekte Aufforderungen S. 68).

### Ausrufesatz und Wunschsatz

Auch diese Satzarten schließen mit einem **Ausrufezeichen**.
**Beispiele:** Wenn ich doch Skat spielen könnte!
Das ist ein tolles Buch!
Ist das nicht ein tolles Spiel!
Was für ein spannender Film das war!

Im Ausrufesatz kann das Prädikat (↗ S. 73) – je nach Betonung – an verschiedenen Stellen des Satzes stehen. Er kann daher nur vom Inhalt her als eigene Satzart erkannt werden.

**VOM SATZ**

### Indirekte Aufforderungen

Nicht immer stimmt die **Redeabsicht** (aussagen, fragen, auffordern) mit der jeweiligen **Satzart** überein. Auch mit einem Fragesatz kann man in einer bestimmten Situation jemanden auffordern.

**Beispiele:** Hältst du vielleicht mal deinen Mund!
Würdet ihr jetzt wohl die Tafel putzen!
Man spricht in diesem Zusammenhang auch von indirekten Aufforderungen.

Die direkten Aufforderungen dagegen kann man in der Regel an der Imperativform (Befehlsform, ↗ S. 31) des Verbs erkennen.

**Beispiel:** **Putz** bitte mal die Tafel!

## SATZGLIEDER, DIE BESTANDTEILE DES SATZES

### Satzglieder, die Bestandteile des Satzes

Ein grammatisch korrekter Satz ist in bestimmter Weise aufgebaut. So sind die Satzglieder **Subjekt** und **Prädikat** die **Grundbestandteile aller Sätze**. In einem grammatisch vollständigen Satz müssen mindestens Subjekt und Prädikat vorkommen (↗ Subjekt S. 72, ↗ Prädikat S. 73).

**Beispiele: Svenja liest**. **Es regnet**. **Timo hilft** seiner kleinen Schwester.

Nicht die Wörter sind also die Bausteine eines Satzes, sondern die Satzglieder.

### Umstellprobe (Verschiebeprobe)

Welche Wörter zu einem Satzglied gehören, lässt sich durch die Umstellprobe oder Verschiebeprobe feststellen. Die Wörter, die bei der Umstellprobe zusammenbleiben, gehören zu einem Satzglied.

| | | |
|---|---|---|
| Die beiden Mädchen | backen | leckere Waffeln . |
| Leckere Waffeln | backen | die beiden Mädchen . |
| Backen | die beiden Mädchen | leckere Waffeln ? |

Bei **zusammengesetzten Verben oder Verbformen** (↗ Verbklammer S. 66) funktioniert die Umstellprobe so:

| | | | | |
|---|---|---|---|---|
| Boris | hat | heute | seine Hausaufgaben | vergessen . |
| Heute | hat | Boris | seine Hausaufgaben | vergessen . |

Die Umstellprobe macht auch deutlich, dass das verbale Satzglied der wichtigste Baustein des Satzes ist. Im Aussagesatz steht das **konjugierte Verb** immer an zweiter Stelle. Die anderen Satzglieder „drehen sich" um das Verb. Es bestimmt daher den Aufbau des Satzes.

**Lerntipp:** Mit Hilfe der Umstellprobe kannst du deine Auf-
sätze überarbeiten. Probiere im Textzusammenhang aus, welche Stellung der Satzglieder sinnvoll ist, um den Satzbau zu
variieren.

### Ersatzprobe

Ein Satzglied kann **aus einem Wort oder aus mehreren
Wörtern** bestehen. Das kann man mit der Ersatzprobe bewei-
sen, in der ein Satzglied durch andere Ausdrücke ersetzt wird.

| Meine Freundin Pia | sieht | einen schönen Ring | im |
|---|---|---|---|
| | | | Schaufenster . |
| Sie | sieht | ihn | dort . |

**Lerntipp:** Mit der Ersatzprobe kannst du beim Schreiben aus-
probieren, welche Ausdrücke im Textzusammenhang passen.
Auch mit dieser Probe kannst du deine Schreibweise variieren, zum Beispiel ein Nomen durch ein Pronomen ersetzen
oder umgekehrt.

**Beispiel** für Textvariationen:
Plötzlich hatte der Mann keinen Durst mehr. Dabei hatte

| der Mann | noch gar nichts zu trinken bekommen. Doch als |
|---|---|
| der Partygast | |

| der Mann | plötzlich | das grasgrüne Getränk sah, das er |
|---|---|---|
| er | auf einmal | |

| bekommen | sollte, verlor er | plötzlich | seinen Appet |
|---|---|---|---|
| entgegennehmen | | unversehens | |

### Abstreichprobe und Erweiterungsprobe

Mit der **Abstreichprobe** kannst du einen Satz bis auf die notwendigen Satzglieder und Satzgliedteile kürzen.

**Beispiel:** Der weltbekannte Lügenbaron **Münchhausen erzählt** den in seinem Salon versammelten Gästen an einem langen Winterabend unglaubliche **Lügengeschichten** aus aller Welt. – Münchhausen erzählt Lügengeschichten.

Mit der **Erweiterungsprobe** kann man kurze Sätze um weitere Satzglieder und Satzgliedteile erweitern.

**Beispiel:** Münchhausen berichtet von dem Ritt auf einer Kanonenkugel.
Der Baron von **Münchhausen berichtet** seinen staunenden Zuhörern **von dem** unglaublichen **Ritt auf einer Kanonenkugel**, der ihn in aller Welt bekannt gemacht hat.

**Lerntipp:** Auch mit Hilfe der Abstreichprobe und der Erweiterungsprobe kannst du deine eigenen Texte überarbeiten: Entweder kannst du, wenn notwendig, deinen Text raffen und Überflüssiges streichen oder du kannst ihn durch zusätzliche Informationen anschaulicher und genauer machen.

**Beispiel** für sinnvolle Streichungen und Ergänzungen:
Der nicht ganz gelungene Text: Eines Tages machen Maus und Elefant eine Wanderung. Unterwegs machen Maus und Elefant ein Picknick. Die Maus schnürt ihren Rucksack auf. Die Maus nimmt ein Weizenkorn aus ihrem Rucksack. Der Elefant hat sein Frühstück vergessen. Der Elefant schaut die Maus hungrig an. Daraufhin meint die Maus großzügig zum Elefanten: „Willst du mal beißen?"
Der überarbeitete Text: Eines Tages machen Maus und Elefant eine *schöne* Wanderung. Unterwegs *veranstalten sie* ein Picknick. Die *hungrige* Maus schnürt ihren *winzigen* Rucksack auf und *kramt daraus* ein Weizenkorn *hervor*. Der Elefant hat *natürlich mal wieder* sein Frühstück vergessen. *Jetzt* schaut *er* hungrig die *knabbernde* Maus an. Daraufhin meint *diese* großzügig *zu ihrem* Freund: „Willst du mal beißen?"

**VOM SATZ**

## Satzglieder und ihre Aufgaben im Satz

### Subjekt
*(Satzgegenstand)*

Das Satzglied Subjekt spielt im Satz eine wichtige Rolle. Es drückt aus, wer oder was im Satz etwas ist, etwas tut, etwas veranlasst. Es steht immer im **Nominativ** (1. Fall). Man erfragt es mit „Wer oder was?"

**Beispiele: Das Mädchen** besucht seine Freundin.
Frage: **Wer** besucht seine Freundin?
Antwort: Das Mädchen (besucht seine Freundin).

**Das Buch** liegt auf dem Tisch.
Frage: **Was** liegt auf dem Tisch?
Antwort: Das Buch (liegt auf dem Tisch).

### Subjektsatz

Das Satzglied Subjekt kann unterschiedlich besetzt sein. Es kann ein Nomen, ein Nomen mit Artikel, ein Nomen ohne Artikel, ein Nomen mit Pronomen, ein Adjektiv mit Artikel sein, ein Pronomen, ein Infinitiv. Es kann auch aus einem ganzen Satz, einem **Gliedsatz**, bestehen. Dies zeigt die folgende Ersatzprobe (↗ S. 70).

Das Erlebnis
Ein Ausflug
Unsere Fete
Unser tolles Fest          → macht mir Freude.
Es
Einen schönen Ausflug zu machen
**Dass du mitgekommen bist**,
        (Subjektsatz)

(Aufschlüsselung der verschiedenen Subjekte ↗ folgende Seite.)

**SATZGLIEDER UND IHRE AUFGABEN IM SATZ** | **73**

| | |
|---|---|
| das Erlebnis | Nomen mit Artikel |
| ein Ausflug | Nomen mit Artikel |
| unsere Fete | Nomen mit Pronomen |
| unser tolles Fest | N. m. Pron. u. Adjekt. |
| es | Pronomen |
| einen schönen Ausflug zu machen | erweiterter Infinitiv |
| **dass du mitgekommen bist**, | Gliedsatz (Subjektsatz) |

Ist das Subjekt ein ganzer Satz (Gliedsatz), spricht man von Subjektsatz.

**Beispiel: Dass du mitgekommen bist**, freut mich.
Frage: **Was** freut mich?
Antwort: Dass du mitgekommen bist.

### Prädikat
*(Satzaussage; lat.: das Ausgerufene, die Aussage)*

Das Satzglied Prädikat besteht aus der **Personalform (konjugierten Form) des Verbs**. Es ist das wichtigste Satzglied im Satz. Im Aussagesatz steht es an zweiter, das heißt zentraler Stelle des Satzes (↗ Aussagesatz S. 66).
Das Prädikat ist der Teil des Satzes, der über das Subjekt etwas aussagt: was es **ist**, was es **tut**, was mit ihm **geschieht**.

**Beispiel:** Pauline **liest** heute ein schönes Buch.
Frage: **Was tut** Pauline heute?
Antwort: (Sie) liest (ein schönes Buch).

Das Prädikat muss in Person und Numerus mit dem **Subjekt** übereinstimmen.

**Beispiele: Die Schülerin** berei**tet** den Wandertag vor.
**Die Schüler** berei**ten** den Wandertag vor.

Man unterscheidet das **einfache** (einteilige) Prädikat und das **zusammengesetzte** (mehrteilige) Prädikat (↗ die Verbklammer S. 66).

**Beispiele:** Sven **erwartet** seine Freundin Franzi.
Die Klasse 8 a **hat** gestern eine Party **gefeiert**.

**VOM SATZ**

Im Satzglied Prädikat wird Unterschiedliches zum Ausdruck gebracht. Folgende Gesichtspunkte werden mit dem konjugierten Verb verdeutlicht (↗ Konjugation von Verben S. 19).

- **Person**: 1., 2., 3. Person
- **Numerus** (Anzahl): Singular, Plural
- **Tempus** (Zeit): Präsens, Perfekt, Präteritum, Plusquamperfekt, Futur I, Futur II
- **Modus** (Aussageweise): Indikativ, Konjunktiv I, Konjunktiv II, Imperativ
- **Genus des Verbs** (Handlungsart): Aktiv, Passiv

### Prädikativ
*(lat.: die Aussage mitgestaltend)*

Das Satzglied Prädikativ ist eng mit dem Prädikat verbunden. Es kommt nur **im Zusammenhang mit ganz wenigen Verben** vor: **sein, werden, bleiben, heißen, scheinen.**

**Beispiele:** Johanna ist **Schülerin**.
Karlo bleibt **hier**.
Ich heiße **Peter**.
Sie bleibt **unsere Direktorin**.
Das Prädikativ bezeichnet eine Gleichsetzung, die sich auf das Subjekt bezieht.

Das Prädikativ kann aus verschiedenen **Wortarten** bestehen, zum Beispiel:

- Nomen im Nominativ: Er ist **Hausmeister**.
- Adjektiv: Sie bleibt **lange**.
- Pronomen: Er war **es**.
- Numerale: Sie waren **nur wenige**.
- Adverb: Das war damals **anders**.

## SATZGLIEDER UND IHRE AUFGABEN IM SATZ

### Objekt
*(Ergänzung; Plural: die Objekte, lat.: das Entgegen-gestellte)*

Die meisten Sätze sind erst vollständig, wenn sie außer dem Subjekt und dem Prädikat zusätzlich ein Objekt haben. Ähnlich wie das Subjekt stehen auch die Objekte in engem Zusammenhang zum Prädikat. Sie sind notwendige, vom Prädikat geforderte Satzglieder. (↗ S. 85)

**Beispiele:**
Wenzel hilft  ?

Tanja übergibt  ?            ?

So sind diese Sätze sinnvoll:

Wenzel hilft  seiner Freundin  .

Tanja übergibt  ihrer Nachfolgerin   das Klassenbuch  .

### Fallbestimmte Objekte
Bei den fallbestimmten Objekten hängt das Objekt – im 2., 3. oder 4. Fall – jeweils vom Verb ab.
Die folgende Gliederung orientiert sich an der Häufigkeit des Vorkommens.

- **Akkusativobjekt** (Hilfsfragen: Wen oder was?)
  **Beispiel:** Lars besucht **seine Freundin**.
  Frage: **Wen** besucht Lars?
  Antwort: (Lars besucht) seine Freundin.

- **Dativobjekt** (Hilfsfrage: Wem?)
  **Beispiel:** Sie hilft **ihrem kleinen Bruder**.
  Frage: **Wem** hilft sie?
  Antwort: (Sie hilft) ihrem kleinen Bruder.

- **Genitivobjekt** (Hilfsfrage: Wessen?)
  **Beispiel:** Er bedarf **seiner Hilfe**.
  Frage: **Wessen** bedarf er?
  Antwort: (Er bedarf) seiner Hilfe.

**VOM SATZ**

### Objekt mit Präposition/präpositionales Objekt

Verben wie suchen (nach), sprechen (mit), warten (auf) stehen jeweils in enger Verbindung mit einer Präposition (↗ S. 58). Diese Verben erfordern Objekte (Ergänzungen, ↗ S. 75), deren Kasus (Fall) von den Präpositionen bestimmt wird. Hilfsfragen sind zum Beispiel:
Wonach? Nach wem? Nach was?
Worauf? Auf wen? Auf was?

**Beispiel:** Ich suche **nach meinem Bruder**.
Frage: **Nach wem** suche ich?
Antwort: (Ich suche) **nach meinem Bruder**. (= präpositionales Dativobjekt)

### Objektsatz

Wie das Satzglied Subjekt kann auch das Satzglied Objekt ein ganzer Satz (**Gliedsatz**) sein. Ein solcher Gliedsatz, der im Gesamtsatz die Aufgabe des Objekts übernimmt, heißt Objektsatz.

**Beispiele:**

| | **Akkusativobjekt:** |
|---|---|
| Timo weiß | die Neuigkeit. |
| | es. |
| | **, dass die letzte Stunde ausfällt.** (Objektsatz) |
| | **präpositionales Objekt:** |
| Alle Schüler warten | auf das Schellen. |
| Alle Schüler warten darauf | **, dass es endlich schellt**. (Objektsatz) |
| Anja freut sich | über die Geburtstagseinladung von Petra. |
| Anja freut sich darüber | **, dass sie zu Petras Geburtstagsfeier eingeladen ist.** (Objektsatz) |

**SATZGLIEDER UND IHRE AUFGABEN IM SATZ**

## Angaben

Angaben sind Satzglieder oder Satzgliedteile, die im Satz nicht zwingend erforderlich sind. Sie können allerdings als **zusätzliche** Angaben den Satz genauer machen.

Mit der Abstreichprobe (↗ S. 71) kann man herausbekommen, welche Angaben im Satz nicht unbedingt erforderlich sind.

**Beispiel:** Susanna, <u>die Schülerin aus der Klasse 9 b</u>, ähnelt <u>außerordentlich</u> ihrer <u>jüngeren</u> Schwester <u>aus der Klasse 6 a</u>. Susanna ähnelt ihrer Schwester.

Die unterstrichenen Satzglieder und Satzgliedteile sind Angaben. Sie sind im Satz grammatisch nicht notwendig, machen ihn jedoch inhaltlich genauer.

## Adverbiale Bestimmung/Adverbiale

*(Umstandsbestimmung; lat.: zum Verb hinzutretend)*
Das Adverbiale ist ein Satzglied, das die Umstände eines Geschehens näher bestimmt. Es ist nicht zwingend vom Prädikat gefordert, man kann damit aber genauere Angaben machen.

**Beispiel:** Miriam besucht **in den Ferien häufig** die Jugendbibliothek.

Folgendes kann man mit Adverbialen im Satz zum Ausdruck bringen.

- **Zeit und Zeitdauer** (Temporaladverbiale, adverbiale Bestimmung der Zeit)
  Hilfsfragen: Wann? Wie lange? Wie oft?
  **Beispiele:** Sie kommt **heute**.
  Sie bleibt **bis Anfang Januar**.
  In dieser Zeit werden wir sie **selten** sehen.

- **Ort und Richtung** (Ortsadverbiale, adverbiale Bestimmung des Ortes)
  Hilfsfragen: Wo? Woher? Wohin?
  **Beispiele:** Ich wohne **ganz oben**.
  Pia kommt **aus der Schule**.
  Am Nachmittag gehen wir **ins Eisstadion**.

- **Art und Weise** (Modaladverbiale, adverbiale Bestimmung der Art und Weise)
  Hilfsfrage: Wie?
  **Beispiel:** Sie singt **schön**.
- **Grund** (Kausaladverbiale, adverbiale Bestimmung des Grundes)
  Hilfsfragen: Warum? Weshalb? Aus welchem Grund?
  **Beispiel:** Toni kann **wegen einer Verletzung** nicht mitturnen.
- **Weitere Adverbialien:**
  – Mittel (womit?)
  **Beispiel:** Sie haben den Kasten **mit einem Schraubenzieher** aufgebrochen.
  – Zweck (wozu? zu welchem Zweck?)
  **Beispiel:** **Zur Verbesserung der Atemluft** hatte die Geschäftsführung des Unternehmens verschiedene Maßnahmen vorgesehen.
  – Folge (mit welcher Folge? mit welcher Wirkung?)
  **Beispiel:** Wir erledigten alle notwendigen Arbeiten **zu ihrer vollsten Zufriedenheit**.

Ein Adverbiale kann, ähnlich wie die nominalen Satzglieder Subjekt und Objekt, unterschiedlich gebaut sein; es kann ein Wort sein, eine Wortgruppe oder auch ein ganzer Satz (Gliedsatz). Einen solchen Gliedsatz, der in aller Regel durch eine Konjunktion eingeleitet wird, nennt man daher auch **Adverbialsatz**.

**Beispiel:**

|  | Adverbiale |
|---|---|
| Sie kommt | heute. |
|  | nach dem Unterricht. |
|  | **, nachdem der Unterricht vorbei ist**. (Adverbialsatz) |

### Adverbiale als Wortgruppe oder als Gliedsatz
Bei der Abfassung von Texten muss man sich manchmal überlegen, was besser passt: das Adverbiale als Wortgruppe oder als Gliedsatz.

**Beispiele:**
**Nach der Reparatur des Autos** fuhren sie in den Urlaub.
**Nachdem das Auto repariert worden war**, fuhren sie in den Urlaub.

**Bei Inanspruchnahme der Vergünstigungen** wird die Reise billiger.
**Wenn man die Vergünstigungen in Anspruch nimmt**, wird die Reise billiger.

**Wegen eines Staus vor dem Tauerntunnel** muss mit Verkehrsbehinderungen gerechnet werden.
**Weil sich vor dem Tauerntunnel ein Stau gebildet hat**, muss mit Verkehrsbehinderungen gerechnet werden.

### Attribut
*(Beifügung; Plural: die Attribute, lat.: das Beigefügte)*
Attribute sind nähere Angaben und Erweiterungen im Satz. Sie haben meistens die Aufgabe, ein Nomen (Substantiv) näher zu bestimmen.
Das Attribut ist kein eigenständiges Satzglied wie Subjekt, Prädikat, Objekt und Adverbiale, sondern es ist **Teil eines Satzgliedes**.
Bei der Umstellprobe wird das Attribut zusammen mit seinem Bezugsnomen umgestellt.

**Formen von Attributen**

Das Attribut kann im Satz in unterschiedlicher Form auftreten. Die wichtigsten Möglichkeiten sind die folgenden:

- Adjektiv oder Partizip als Attribut: **fröhliche** Kinder, **spielende** Kinder
- Nomen im Genitiv als Attribut: der Ball **des Jungen**
- Apposition: Vanessa, **meine Freundin**, ...
- Präposition und Nomen: der Junge **mit den blonden Haaren**
- Adverb: das Haus **dort**
- Relativsatz: Frau Borgmeier, **die seit zwei Jahren unsere Deutschlehrerin ist**, ...

Der Relativsatz als Attribut heißt entsprechend auch **Attributsatz**, er wird in aller Regel durch ein Relativpronomen eingeleitet ( ↗ Relativsatz S. 87).

**Beispiele:** In den folgenden Beispielen, die unterschiedliche Attribute enthalten, sind die Bezugsnomen jeweils durch einen Kasten gekennzeichnet und die zugehörigen Attribute sind fett gedruckt.

Obelix ist der **bärenstarke** Freund **von Asterix**; seine **geballte** Kraft fürchtet jedermann.

Oft erleben die beiden **gefährliche** Abenteuer .

Die Vertreter **des Dorfes** schiffen sich auf einer Galeere ein.

Muskulus , **ein Athlet**, trainiert für die Olympischen Spiele.

Tullus , **der zum Centurio aufgestiegen ist**, möchte den Römern zum Sieg verhelfen.

Manche **Attribute** können selbst wiederum durch Attribute bestimmt sein.

**Beispiel:** Das **blonde** Mädchen **mit der roten** Strähne **im Haar** ist die Tochter **eines netten** Bekannten.

**Funktion**

Mit Hilfe von Attributen kann man Sätze und Texte inhaltsreicher und anschaulicher machen.

**Beispiel** für Text ohne Attribute:

Asterix und Obelix sind Freunde. Sie leben in einem Dorf. Asterix ist ein Krieger. Obelix isst am liebsten Wildschweinbraten.

**Beispiel** für Text mit Attributen:

Asterix und Obelix sind **gute** Freunde. Sie leben in einem **kleinen** Dorf **Galliens**. Asterix ist ein **lustiger kleiner** Krieger. Obelix, **ein Liebhaber von Hinkelsteinen**, isst am liebsten **schmackhaften** Wildschweinbraten.

**Lerntipp:** Mit Hilfe der Erweiterungsprobe (↗ S. 71) kannst du deine Texte bei der Überarbeitung genauer gestalten und unterschiedliche Attribute einbauen.

**Beispiel:** In dem folgenden Text sind die zusätzlich eingebrachten Attribute fett gedruckt:

Das Leben in dem **kleinen gallischen** Dorf geht seinen **gewohnten** Gang. Obelix und sein Lehrling Idefix, **der umweltfreundliche Hund**, tragen Hinkelsteine aus. Asterix nimmt vor seiner Hütte ein **erquickendes** Sonnenbad.

Im **befestigten** Römerlager, **das ganz in der Nähe liegt**, ist eine **aufregende** Nachricht aus Rom eingetroffen. Claudius Muskulus, **ein bekannter Athlet**, soll Rom bei den Wettkämpfen vertreten. Muskulus hält sich für einen **großen** Athleten, **der nicht besiegt werden kann.**

Diese Kunde versetzt die Gallier in **helle** Aufregung. Majestix, **der Häuptling des Stammes**, will die Olympiamannschaft **der Gallier** begleiten.

**82**  VOM SATZ

## Überblick: Satzglieder und ihre Attribute

| Subjekt | Prädikat |
|---|---|
| Nominativ:<br>wer? was? | (Verb-Satzglied)<br>was tut?<br>was geschieht?<br>was ist? |

**Attribut**

◇ Jedes Satzglied, außer das verbale Satzglied Prädikat, kann durch ein Attribut näher bestimmt werden.

✖ **Beispiele:**

| Felix | ist |
|---|---|

| Der **aufmerksame** Autofahrer | bemerkt |
|---|---|

| Sie | schenkt |
|---|---|

| Mareike | bleibt |
|---|---|

| Timo | achtet |
|---|---|

# SATZGLIEDER UND IHRE AUFGABEN IM SATZ

| Prädikativ | Objekt | Umstands- adverbiale Bestimmung |
|---|---|---|
| (Ergänzung zu den Verben: sein, bleiben, werden, heißen, scheinen) | Genitiv: wessen? Dativ: wem? Akkusativ: wen? was? Objekt mit Präposition (auf wen achten? usw.) | Zeit: wann? Ort: wo? Art und Weise: wie? Grund: warum? Zweck: wozu? Mittel: womit? |
| ↑ | ↑ | ↑ |
| Attribut | Attribut | Attribut |

ein **kluger** Fuchs.

das **spielende** Kind        in der **engen** Einfahrt.

ihm    ein **tolles** Buch.

meine **beste** Freundin.

auf den **starken** Verkehr.

**84** VOM SATZ

## Beispiele für Satzanalysen

In einem grammatisch vollständigen Satz müssen mindestens
Subjekt und Prädikat vorkommen.

| Der Schneemann | schmilzt | . |
|---|---|---|
| Subjekt | Prädikat | |

Prädikate fordern oft bestimmte Objekte (Ergänzungen). Ein
Satz ist grammatisch vollständig, wenn alle vom Prädikat ge-
forderten Ergänzungen vorhanden sind.

| Mein Bruder Karlo | putzt | sein Fahrrad | . |
|---|---|---|---|
| Subjekt | Prädikat | Objekt | |

| Ich | schenke | ihr | eine Kette | . |
|---|---|---|---|---|
| Subjekt | Prädikat | Dativobjekt | Akkusativobjekt | |

| Sie | wartet | auf ihn | . |
|---|---|---|---|
| Subjekt | Prädikat | Objekt mit Präposition | |

Jeder Satz kann zusätzliche Angaben aufnehmen, nämlich weitere Satzglieder (Adverbiale) und Satzgliedteile (Attribute).
Diese sind für die Genauigkeit der Aussage wichtig.

Attribut
↓

| Wir | besuchen | euch | in den <u>großen</u> Ferien | . |
|---|---|---|---|---|
| Subjekt | Prädikat | Akkusativobjekt | Adverbiale der Zeit | |

Attribut
↓

| Seine <u>kleine</u> Schwester | widerspricht | ihm | oft |
|---|---|---|---|
| Subjekt | Prädikat | Dativ-objekt | Adverbiale der Zeit |

## SATZGLIEDER UND IHRE AUFGABEN IM SATZ 85

### Verben und ihre Objekte (Ergänzungen)

Die folgende Aufstellung zeigt Verben, die als Prädikate bestimmte Objekte fordern.

| Verben | geforderte Objekte |
|---|---|
| schwitzen, schlafen, filmen, regnen, weinen, verdunsten, erröten, rosten, frieren ...<br>**Beispiel:** Er weint. | Es ist kein Objekt gefordert. |
| bauen, stricken, reinigen, loben, heben, verhauen, verschenken, verjagen, besuchen ...<br>**Beispiel:** Der Junge besucht seine Freundin . | **Akkusativobjekt** |
| danken, begegnen, vertrauen, verzeihen, entsprechen, widersprechen, ähneln ...<br>**Beispiel:** Sie ähnelt ihrem Bruder . | **Dativobjekt** |
| anvertrauen, zeigen, geben, schenken, schulden, ersparen, abkaufen, überlassen ...<br>**Beispiel:** Der Vater schenkt ihr eine Kette . | **Dativobjekt/Akkusativobjekt** |
| sich bemächtigen, harren, sich annehmen, bedürfen ...<br>**Beispiel:** Er bedarf seiner Hilfe . | **Genitivobjekt** |
| achten auf, sich erinnern an, warten auf, bangen um, sprechen mit ...<br>**Beispiel:** Er spricht mit seinen Freunden . | **präpositionales Objekt**<br>(Objekt mit einer Präposition) |
| sein, werden, bleiben<br>**Beispiel:** Sie wird Lehrerin . | **Prädikativ** |

**86** **VOM SATZ**

## Hauptsatz und Gliedsatz (Nebensatz)

### Hauptsatz

Als Hauptsatz (auch Trägersatz oder Basissatz) bezeichnet man einen Satz, der selbstständig stehen kann.
Der Hauptsatz kann Aussagesatz, Fragesatz oder Aufforderungssatz sein (↗ Satzarten S. 66).

**Beispiele: Sie fragte ihn,** ob er heute komme.
**Kommst du heute?**
**Komm doch mit!**

Manchmal ist im Rahmen eines Satzgefüges (↗ S. 88) der Hauptsatz grammatisch unvollständig, dennoch ist dann der Gliedsatz vom **Hauptsatz** abhängig.

**Beispiel:** Dass du kommst, **freut uns alle**.

### Gliedsatz (Nebensatz)

Der Gliedsatz ist einem **Hauptsatz** oder Trägersatz angegliedert und untergeordnet (daher auch die Bezeichnung Nebensatz).

**Beispiel:**

**Die Deutschstunde**          **wird morgen nachgeholt.**

      , die heute ausfällt,

Einen **Gliedsatz** kann man oft daran erkennen, dass die **Personalform des Verbs am Schluss** steht.

**Beispiel:** Leider haben wir uns verspätet, so dass wir jetzt vor verschlossenen Türen **stehen**.

Die Bezeichnung Gliedsatz ist so zu erklären: Er kann im Satz oft die Rolle eines Satzgliedes einnehmen, und zwar als Subjektsatz (↗ S. 72), Objektsatz (↗ S. 76), Adverbialsatz (↗ S. 78), Attributsatz (↗ S. 80).

## HAUPTSATZ UND GLIEDSATZ (NEBENSATZ)

**Beispiel** für ein Adverbiale als Wortgruppe (Satzglied) und als Gliedsatz (Adverbialsatz):

Wenzel kann heute **wegen seiner Verletzung** nicht mitspielen. (Satzglied: Wortgruppe)
Wenzel kann heute nicht mitspielen, **weil er verletzt ist**.
(Gliedsatz: Adverbialsatz)

### Formen von Gliedsätzen

| Gliedsatz (Nebensatz) | Beispiel |
|---|---|
| ◆ **Konjunktionalsatz** (Gliedsatz, der durch eine unterordnende Konjunktion wie weil, nachdem, dass eingeleitet wird) (↗ unterordnende Konjunktionen S. 62) | Er freut sich, **weil sie heute kommt**. |
| ◆ **Relativsatz** (Gliedsatz, der durch ein Relativpronomen oder durch Präposition + Relativpronomen eingeleitet wird: der, die, das/welcher, welche, welches/mit dem, für welche, auf die) | Wir wollen zur Schulfete, **die um 19 Uhr beginnt**. Sie trifft Torsten, **mit dem sie noch etwas bespricht**. |
| ◆ Gliedsatz **mit W-Fragewort** (Wer? Wo? Warum? Wann?) | Sie fragt ihn, **wann er kommt**. Er wusste nicht, **wo er war**. |
| ◆ Gliedsatz als **indirekte Rede** | Jana hat gesagt, **sie komme auf jeden Fall**. |

**Beachte:** Hauptsatz und Gliedsatz werden immer durch ein **Komma** getrennt.

**88** VOM SATZ

## Satzverbindungen

### Satzreihe

**Hauptsätze** kann man **mit Komma oder Semikolon** zu einer Satzreihe verbinden. Damit verdeutlicht man, dass die einzelnen Hauptsätze inhaltlich aufeinander bezogen sind.

✖ **Beispiel:** Es schellt**,** der Lehrer betritt die Klasse**,** der Unterricht beginnt.

Man kann Hauptsätze auch **durch eine nebenordnende Konjunktion** (↗ S. 61) verbinden.
**Beispiele:** Der Unterricht beginnt**, denn** es hat geschellt.
Es hat geschellt**, daher** beginnt der Unterricht.
Es hat geschellt **und** der Unterricht beginnt.

### Satzgefüge

**Hauptsatz und Gliedsatz** bilden zusammen ein Satzgefüge. Dabei können **unterordnende Konjunktionen** (als, weil, nachdem, ↗ S. 62) oder **Relativpronomen** Gliedsatz und Hauptsatz miteinander verknüpfen oder aufeinander beziehen (↗ Relativsatz S. 87).

✖ **Beispiele:** Cora und Hanno, **die** sich für heute noch verabreden wollen, tuscheln in der Pause miteinander.
Sie wollen zusammen ins Schwimmbad fahren, **weil** heute schönes Wetter ist.
**Als** es plötzlich anfängt zu regnen, fahren die beiden zur Eisdiele.

Wie die Beispiele zeigen, kann der Gliedsatz an verschiedenen Stellen des Satzgefüges stehen.

**SATZVERBINDUNGEN**

## Komplexes Satzgefüge

Im Gegensatz zu einem einfachen Satzgefüge (↗ S. 88) können in einem komplexen Satzgefüge Hauptsätze und Gliedsätze zusammengeordnet sein.

**Beispiele:** Nachdem Cora, die mit einem Fahrrad angefahren kam, Hanno gefragt hatte, ob er mitkommen wolle, **lief dieser schnell in den Fahrradkeller**, weil dort noch sein Fahrrad stand, das er gestern dort abgestellt hatte.

**Johanna**, die eigentlich mit Lars ins Kino wollte, **gab diesem einen Korb**, als sie entdeckte, dass an diesem Abend im Fernsehen das Endspiel im Tennis übertragen wurde, auf das sie sehr gespannt war.

Als Tina erfuhr, dass ihre Freundin Klara an der Wanderfahrt nicht teilnehmen wollte, **zog sie ihre Zusage**, die sie schon vor einigen Monaten gegeben hatte, **wieder zurück**.

**Pia wollte zur Bücherei**, **aber Kim**, die ihren Freund Lars noch sprechen wollte, **zog es in die Eisdiele**, weil Lars dort wahrscheinlich mit Georg und Tim saß.

## Überblick: Wortarten, Satzglieder und Satzarten im Zusammenhang

| Satz | Der | kleine | Junge | schenkt | heute |
|---|---|---|---|---|---|
| Wortarten | best. Artikel | Adjektiv | Nomen/ Substantiv | Verb | Adverb |
| Satzglieder und ihre Aufgaben im Satz | | Attribut | | | Temporaladverbiale |
| | | Subjekt | | Prädikat | |
| Satzart | Hauptsatz | | | | |

| Satz | weil | diese | ihm | gestern |
|---|---|---|---|---|
| Wortarten | Konjunktion | Demonstrativpronomen | Personalpronomen | Adverb |
| Satzglieder | verknüpft den Gliedsatz mit dem Hauptsatz | Subjekt | Dativobjekt | Temporaladverbiale |
| Satzart | Gliedsatz | | | |

| seiner | besten | Freundin | einen | roten | Lutscher, |
|--------|--------|----------|-------|-------|-----------|
| Possessivpronomen | Adjektiv | Nomen/ Substantiv | unbest. Artikel | Adjektiv | Nomen/ Substantiv |
| | Attribut | | | Attribut | |
| | Dativobjekt | | | Akkusativobjekt | |

| ein | gelbes | Bonbon | gegeben hat. |
|-----|--------|--------|--------------|
| unbestimmter Artikel | Adjektiv | Nomen/ Substantiv | Verb |
| | Attribut | | |
| | Akkusativobjekt | | Prädikat |
| Gliedsatz (Fortsetzung) | | | |

# Sprachliches Handeln

Sprechen ist eine Art des Handelns. Vor allem in Gesprächssituationen wird deutlich, dass Menschen (wie bei Handlungen allgemein) etwas tun.

- Auch beim Sprechen geht es um einen Sachverhalt.
- Das Sprechen erfolgt in einer bestimmten Situation.
- Es hat Voraussetzungen und Folgen.
- Es ist durch Absichten geleitet; man kann dementsprechend Arten des sprachlichen Handelns unterscheiden: jemanden beeinflussen, fragen, warnen, auffordern, trösten, etwas bestreiten, bezweifeln, jemandem etwas raten, sich entschuldigen usw.
- Es geht beim Sprechen mit einem anderen immer auch um einen Beziehungsaspekt (Sprache und Kommunikation ↗ S. 7); das heißt, soziale und persönliche Beziehungen setzen Bedingungen für sprachliche Handlungen.

**Beispiel:** Nicht jeder kann jedem etwas befehlen.

### Satzarten und Sprechabsichten

Mit den verschiedenen Satzarten (↗ Vom Satz S. 66) kann man bestimmte Sprechabsichten zum Ausdruck bringen.

| Satzart | Sprechabsicht |
|---|---|
| Aussagesatz | etwas mitteilen |
| Fragesatz | jemanden fragen |
| Aufforderungssatz | jemanden zu etwas auffordern |

Unabhängig von diesen grundsätzlichen Verbindungen zwischen Satzart und Äußerungsabsicht können jedoch mit jeder Satzart unterschiedliche Äußerungsabsichten verfolgt werden. Dies hängt davon ab,

- **wer** die Äußerung macht,
- **wem** gegenüber der Sprecher sie macht,

- **wann** sich ein Sprecher äußert,
- **wo** er sich äußert,
- **warum** er sich äußert.

**Beispiel:** Die Frage des Lehrers „Darf ich mal dein Heft sehen?" ist als höfliche Aufforderung an den Schüler gemeint, ihm das Heft zu geben. Das heißt, man kann auch mit einer Frage eine Aufforderung aussprechen.
Die Aufforderung an den Schüler, ihm das Heft zu geben, kann der Lehrer auf unterschiedliche Weise und mit Hilfe unterschiedlicher Satzarten formulieren:
Das Heft bitte!
Zeig mir dein Heft!
Ich schaue mir mal dein Heft an.
Dürfte ich mal dein Heft sehen?
Wärst du so freundlich, mir mal dein Heft zu zeigen?
Dein Heft habe ich noch nicht gesehen.

### Gespräche

Gespräche zwischen einzelnen Personen können unter folgenden Gesichtspunkten betrachtet werden:
- Wer nimmt an dem Gespräch teil?
- Um welchen Inhalt geht es?
- Wie schätzen sich die Beteiligten ein?
- Wer führt im Gespräch und gibt die aktiven Kommentare, wer reagiert eher?
- Wie stehen die Beteiligten zueinander? Wie ist ihre Beziehung?
- Welche soziale Rolle spielen sie?
- Welche Absichten und Erwartungen haben die Gesprächspartner?

Durch die Wahl bestimmter verbaler, halbverbaler und nonverbaler Verständigungsmittel kann ein Gesprächspartner deutlich seine Absichten, seine Urteile, Einschätzungen zum Ausdruck bringen.

**Beispiele:**

- durch unterschiedliche, fein abgestufte Formen von Aufforderungen (Rat, Hinweis, Bitte, Befehl …)
- durch den Gebrauch von Modalverben (↗ S. 35) und den Gebrauch des Konjunktivs (Du kannst mitkommen! Du könntest mitkommen! Möchtest du mitkommen? Wenn du doch mitkommen würdest! (↗ Konjunktiv S. 32)
- durch sprachbegleitende Mittel (wie Betonung, Lautstärke) oder körpersprachliche Mittel (Gestik, Mimik, Körperhaltung), durch die jeder Gesprächspartner auf seine Umgebung wirkt.

Weil wir unser gewohntes Verhalten meistens selbst nicht bewusst registrieren, ist uns die Reaktion des anderen oft unverständlich. Aber es kann zum Beispiel durchaus sein, dass das aggressive Verhalten eines anderen auch bei uns selbst liegen kann. Es ist deshalb notwendig, die eigenen Körpersignale zu kontrollieren.

Mögliche Bedeutung körpersprachlicher Signale:

**Beispiele:**

| Körpersprachliches Signal | Mögliche Bedeutung |
|---|---|
| Augenbrauen heben | Wachsamkeit/Betonung: „Was ich sage, ist wichtig!" |
| Fehlender Blickkontakt | Unsicherheit |
| Brille zurechtrücken | Sprecher will Zeit gewinnen |
| Brille hastig abnehmen | Erregung |
| Kopf senken | Enttäuschung |
| Hand zur Faust ballen | Wut, Entschlossenheit, Selbstbehauptung |
| Hand in die Hosentasche stecken | Unsicherheit, Überheblichkeit |
| Mit den Füßen wippen | Angespanntsein, Ungeduld |
| Mit dem Bleistift oder anderen Gegenständen spielen | Verlegenheit, Unsicherheit |

# Sprache und Stil

## Stilebene/Stilniveau

Der Stil einer Sprachäußerung wird u. a. durch die **Wortwahl** bestimmt. Auch **Satzbau**, **Klang**, **Rhythmus** und **Sprachvarianten** tragen zum Stilniveau eines Textes bei. Man unterscheidet zum Beispiel:

- einfachen, sachlichen Stil

**Beispiele:** Gehen Sie heute mit?
Ein schnelles Pferd, und zwar ein Rappe ...

- gehobenen Stil

**Beispiele:** Würden Sie die Liebenswürdigkeit besitzen, mich heute zu begleiten?
Ein königliches Ross, schnell wie der Wind und glänzend schwarz wie Ebenholz ...

Weitere Einflüsse auf den Stil:

- die *Person* des Sprechers/Schreibers und seine individuellen Eigenarten **(Individualstil)**,
- die *Zeit*, in der ein Text entstanden ist **(Zeitstil)**,
- der **Gebrauchszusammenhang**, die Aufgabe, die er hat **(Funktionalstil)**, z. B. die Sprache der öffentlichen Rede, die Sprache der Werbung, der Presse, die Sprache im Alltag, die poetische Sprache der Literatur.

In den nachfolgenden Beispielen verstoßen die Schreiber unfreiwillig gegen die Regeln der Stilkunst. Man spricht bei solchen zum Schmunzeln anregenden unfreiwilligen Verstößen auch von **Stilblüten**.

**✖ Beispiele:**
- Ein Bumerang ist, wenn man ihn wegwirft, und er kommt nicht wieder, dann war es keiner.
- Gestern musste ich noch bis $1/2$ 12 Uhr nachts lernen, obwohl ich schon eingeschlafen war.
- Wir gingen auch ins Elefantenhaus. Mit seinem Rüssel auf- und niederschlagend führte der Wärter den Elefanten vor.

Im Rahmen eines bestimmten Sinnzusammenhangs lässt sich auch ein **Stilniveau** unterscheiden.

**✖ Beispiele:**

| Stilebene | Beispiel |
|---|---|
| normalsprachlich | sterben |
| dichterisch-poetisch | dahinscheiden |
| gehoben | ableben |
| umgangssprachlich | abkratzen |
| derb/vulgär | verrecken |

Mit Stilfärbungen können Gefühle angezeigt werden.

**✖ Beispiele:**

| Gefühle | Beispiele |
|---|---|
| scherzhaft | im Adamskostüm |
| spöttisch | neunmalklug |
| negativ wertend | aufgetakelt |

## Stil und Wortarten

Auch der Gebrauch einzelner Wortarten prägt einen Stil in besonderer Weise. Wenn ein Text besonders viele Nomen/Substantive und Nominalisierungen enthält, spricht man von **Nominalstil/Substantivstil** (↗ S. 48).
Dieser wirkt im Alltag eher unschön, in der Sprache der Verwaltung und Justiz hat er jedoch oft seine Berechtigung.

**STIL UND SATZBAU**   97

**Beispiel:** „Die Beschäftigung von Kindern ist verboten. Das Verbot gilt nicht
1. für die Beschäftigung von Kindern zum Zwecke der Beschäftigungs- und Arbeitstherapie,
2. im Rahmen des Betriebspraktikums während der Vollzeitschulpflicht." (Aus dem Jugendarbeitsschutzgesetz)

In Texten, in denen es besonders auf eine erzählte Handlung ankommt, ist **Verbalstil** besonders wichtig.
**Adjektive** sind dann ein gutes Stilmittel, wenn genaue Unterscheidungen zu treffen sind, z. B. in fachsprachlichen Texten. Als ungenaue, rein schmückende „Allerweltswörter" (schön, jung, echt, toll) sind sie das genaue Gegenteil eines guten Stils, etwa in bestimmten Unterhaltungsromanen.

**Beispiel:** Auf Schloss Berghöhe wurde die Hochzeit des hübschen jungen Grafen mit seiner wunderschönen Braut Linda von Reichenhagen gefeiert. „Bist du jetzt ganz glücklich?", fragte die schöne und zarte junge Frau, während sich die beiden glücklichen Jungvermählten zu den weichen, einschmeichelnden Klängen eines langsamen Walzers drehten…

## Stil und Satzbau

Auch die Verwendung bestimmter **Satzmuster** wirkt stilprägend. Man unterscheidet
- **parataktischen Stil** (überwiegende Verwendung von Satzreihen)
- **hypotaktischen Stil** (überwiegende Verwendung von Satzgefügen).

**Beispiele:**
*Parataktisch*: Die Sonne scheint. Ulrich und Ulrike gehen im Park spazieren. Eine große Trauerweide hängt über dem Teich. Schwäne und Enten schwimmen umher und gründeln …
*Hypotaktisch*: Während die Sonne scheint, gehen Ulrich und Ulrike im Park spazieren, vorbei an einer großen Trauerweide, deren Äste weit über dem Teich hängen, auf dem Schwäne und Enten umherschwimmen und gründeln …

## Lateinisch-deutsches Verzeichnis grammatischer Begriffe

| lateinisch | deutsch |
|---|---|
| Adjektiv | Eigenschaftswort, Wiewort |
| Adverb | Umstandswort |
| adverbiale Bestimmung | Umstandsbestimmung |
| Akkusativ | 4. Fall |
| Akkusativobjekt | Ergänzung im 4. Fall |
| Aktiv | Tatform |
| Artikel | Begleiter, Geschlechtswort |
| Attribut | Beifügung |
| Dativ | 3. Fall |
| Dativobjekt | Ergänzung im 3. Fall |
| Deklination | Beugung von Nomen |
| Demonstrativpronomen | hinweisendes Fürwort |
| flektieren | beugen |
| Flexion | Beugung |
| Futur | Zukunft |
| Genitiv | 2. Fall |
| Genitivobjekt | Ergänzung im 2. Fall |
| Genus | grammatisches Geschlecht von Nomen |
| Genus des Verbs ↗ Aktiv ↗ Passiv | Handlungsart des Verbs |
| Imperativ | Befehlsform |
| Imperfekt | Vergangenheit |
| Indefinitpronomen | unbestimmtes Fürwort |
| Indikativ | Wirklichkeitsform |
| Infinitiv | Grundform des Verbs |
| Interjektion | Ausrufewort, Empfindungswort |
| Interrogativpronomen | Fragefürwort |

# LATEINISCH-DEUTSCHES VERZEICHNIS GRAMMATISCHER BEGRIFFE

| | |
|---|---|
| Kasus | Fall |
| ↗ Nominativ | |
| ↗ Genitiv | |
| ↗ Dativ | |
| ↗ Akkusativ | |
| Komparativ | Vergleichsstufe |
| Konjugation | Beugung von Verben |
| Konjunktion | Bindewort |
| Konjunktiv | Möglichkeitsform |
| Modus des Verbs | Aussageweise des Verbs |
| ↗ Indikativ | |
| ↗ Konjunktiv | |
| ↗ Imperativ | |
| Nomen | Namenwort, Hauptwort |
| Nominativ | 1. Fall |
| Numerale | Zahlwort |
| Numerus | Anzahlform |
| ↗ Singular | |
| ↗ Plural | |
| Objekt | Ergänzung, Satzergänzung |
| Partikeln | Fügewörter (z. B. Binde-wort, Verhältniswort) |
| Passiv | Leideform |
| Perfekt | vollendete Gegenwart |
| Personalpronomen | persönliches Fürwort |
| Plural | Mehrzahl |
| Plusquamperfekt | Vorvergangenheit, vollen-dete Vergangenheit |
| Positiv | Grundstufe |
| Possessivpronomen | besitzanzeigendes Fürwort |
| Prädikat | Satzaussage |
| Prädikativ | Ergänzung zu den Verben *sein, werden, bleiben, heißen* |
| Präposition | Verhältniswort |

| | |
|---|---|
| Präsens | Gegenwart |
| Präteritum | Vergangenheit |
| Pronomen | Fürwort |
| Reflexivpronomen | rückbezügliches Fürwort |
| Relativpronomen | bezügliches Fürwort |
| Singular | Einzahl |
| Subjekt | Satzgegenstand |
| Substantiv | Hauptwort, Namenwort |
| Superlativ | Höchststufe |
| Tempusform | Zeitform |
| Verb | Tätigkeitswort, Tuwort, Zeitwort |

## Deutsch-lateinisches Verzeichnis grammatischer Begriffe

| deutsch | lateinisch |
| --- | --- |
| Anredefürwort | Anredepronomen |
| Anzahlform | Numerus |
| Ausrufewort | Interjektion |
| Aussageweise des Verbs | Modus des Verb |
| Befehlsform | Imperativ |
| Begleiter | Artikel |
| Beifügung | Attribut |
| besitzanzeigendes Fürwort | Possessivpronomen |
| beugen | flektieren |
| Beugung von Nomen | Deklination |
| Beugung | Flexion |
| Beugung von Verben | Konjugation |
| bezügliches Fürwort | Relativpronomen |
| Bindewort | Konjunktion |
| Eigenschaftswort | Adjektiv |
| Einzahl | Singular |
| Empfindungswort | Interjektion |
| Ergänzung | Objekt |
|   Ergänzung im 2. Fall | Genitivobjekt |
|   Ergänzung im 3. Fall | Dativobjekt |
|   Ergänzung im 4. Fall | Akkusativobjekt |
| Fall | Kasus |
|   1. Fall | Nominativ |
|   2. Fall | Genitiv |
|   3. Fall | Dativ |
|   4. Fall | Akkusativ |
| Fragefürwort | Interrogativpronomen |
| Fügewörter | Partikeln |
| Fürwort | Pronomen |
| Gegenwart | Präsens |
| Geschlechtswort | Artikel |
| grammatisches Geschlecht von Nomen | Genus |

## DEUTSCH-LATEINISCHES VERZEICHNIS GRAMMATISCHER BEGRIFFE

| | |
|---|---|
| Grundform des Verbs | Infinitiv |
| Grundstufe | Positiv |
| Handlungsart des Verbs | Genus des Verbs |
| Hauptwort | Nomen, Substantiv |
| hinweisendes Fürwort | Demonstrativpronomen |
| Höchststufe | Superlativ |
| Leideform | Passiv |
| Mehrzahl | Plural |
| Möglichkeitsform | Konjunktiv |
| Namenwort | Nomen, Substantiv |
| persönliches Fürwort | Personalpronomen |
| rückbezügliches Fürwort | Reflexivpronomen |
| Satzaussage | Prädikat |
| Satzergänzung | Objekt |
| Satzgegenstand | Subjekt |
| Tatform | Aktiv |
| Tätigkeitswort | Verb |
| Tuwort | Verb |
| Umstandsbestimmung | adverbiale Bestimmung |
| Umstandswort | Adverb |
| unbestimmtes Fürwort | Indefinitpronomen |
| Vergangenheit | Imperfekt, Präteritum |
| Vergleichsstufe | Komparativ |
| Verhältniswort | Präposition |
| vollendete Gegenwart | Perfekt |
| vollendete Vergangenheit | Plusquamperfekt |
| Vorvergangenheit | Plusquamperfekt |
| Wiewort | Adjektiv |
| Wirklichkeitsform | Indikativ |
| Zahlwort | Numerale |
| Zeitform | Tempusform |
| Zeitwort | Verb |
| Zukunft | Futur |

## Stichwortverzeichnis

Ableitung   35, 47, 57
Abstrakta   43
Adjektiv (Eigenschaftswort)   56, 64
  attributiv   56
  Bildung von Adjektiven   57
  prädikativ   56
  Steigerung   56
  Vergleichsformen   56
Adverb (Umstandswort)   63, 64
Adverbiale/adverbiale Bestimmung (Umstandsbestimmung)   77, 83
  Kausaladverbiale   78
  Modaladverbiale   78
  Ortsadverbiale   77
  Temporaladverbiale   77
Adverbialsatz   78
Aktiv (Tatform)   27, 28
Akkusativobjekt   75
Angabe   77
Antonym   12
Artikel (Geschlechtswort/Begleiter)   49, 60
  bestimmter Artikel   49, 50
  unbestimmter Artikel   49, 50
Attribut (Beifügung)   79, 82
  Formen von Attributen   80
  Funktion   81
Attributsatz   80
Aufforderung   32, 67
Aufforderungsform = Imperativ   32
Aufforderungssatz   67
Ausrufesatz   67
Ausrufewort = Interjektion   64
Aussagesatz   66

Befehlsform = Imperativ   29, 31
Begleiter = Artikel   49
Beifügung = Attribut   79, 82
bestimmter Artikel   49, 50

Beugung/beugen =
  Deklination, deklinieren   45–47, 50, 51, 56
  Konjugation, konjugieren   19, 34, 36–42
bildhafte Ausdrücke   11
Bildung von Adjektiven   57
Bildung von Nomen (Substantiven)   47
Bildung von Verben   35
Bindewort = Konjunktion   61, 88

Dativobjekt   75
Deklination (Beugung)   45, 50, 51, 52
  Artikel   50
  Nomen   45
  Personalpronomen   52
  Pronomen   51
deklinieren siehe Deklination
Demonstrativpronomen   51, 55

Eigenschaftswort = Adjektiv   56. 64
Einzahl   19, 45
Entscheidungsfrage   67
Ergänzung = Objekt   75

Fall = Kasus   45
Femininum (weibliches grammatisches Geschlecht)   44
finite (flektierte/gebeugte) Form des Verbs   17
flektieren   15, 17
Fragesatz   67
Fragewort   67, 87
Fügewort = Partikel   58
Fürwort = Pronomen   51
Futur I (Zukunftsform I)   23, 36–42
Futur II (Zukunftsform II)   24, 36–42

Gegenwartsform = Präsens   21
Genitivobjekt   75
Genus (grammatisches Geschlecht des Nomens)   44
  Femininum   44
  Maskulinum   44
  Neutrum   44

## STICHWORTVERZEICHNIS  105

Genus des Verbs   27
  Aktiv   27
  Passiv   27
Geschlechtswort = Artikel   44, 49
Gliedsatz (Nebensatz)   86, 87, 88
  Gliedsatz als indirekte Rede   87
  Gliedsatz mit W-Fragewort   87
  Konjunktionalsatz   87
  Relativsatz   87
Grundbedeutung   10
Grundform des Verbs = Infinitiv   17

Handlungsverb   16
Hilfsverb   17, 36–41
Hauptsatz   86, 88, 89
Hauptwort = Nomen = Substantiv   43
Hypotaxe   97

Imperativ   29, 31, 67
Imperfekt = Präteritum   22
Indefinitpronomen   53, 55, 65
Indikativ (Wirklichkeitsform)   29
indirekte Rede   30, 31, 87
Infinitiv (Grundform) des Verbs   17
infinite (nicht flektierte/nicht gebeugte) Form des Verbs   17
  Infinitiv   17
  Partizip   17, 18, 57
Interjektion (Ausrufewort)   64
Interrogativpronomen (fragendes Fürwort)   54
intransitives Verb   18

Kasus (Fall)   45, 59
  Akkusativ   45
  Dativ   45
  Genitiv   45
  Nominativ   45
Kausaladverb   63
Komparativ   56
komplexes Satzgefüge   89
Konjugation (Beugung des Verbs)   19, 34, 36–42

## STICHWORTVERZEICHNIS

Konjugationstabellen   36–42
konjugieren (beugen) siehe Konjugation
Konjunktion (Bindewort)   60, 61
  Bedeutungsleistungen im Überblick   61
  nebenordnende Konjunktion   61, 88
  unterordnende Konjunktion   62, 88
konjunktionaler Gliedsatz (Gliedsatz mit Bindewort)   62, 87
Konjunktiv (Möglichkeitsform)   29–33
Konkreta   43
Körpersprache   94

Leideform = Passiv   27, 28
Lehnwort   11
Lokaladverb   63

männliches grammatisches Geschlecht   44
Maskulinum (männliches grammatisches Geschlecht)   44
Mehrzahl   19, 45
Mittelwort = Partizip   17, 18, 57
Modaladverb   63
Modalverb   35, 42
Modus (Aussageweise) des Verbs   29
  Imperativ (Befehlsform)   29, 31
  Indikativ (Wirklichkeitsform)   29
  Konjunktiv (Möglichkeitsform)   29–33
Möglichkeitsform = Konjunktiv   29–33

Nachsilbe = Suffix   35, 47, 58
Namenwort = Nomen = Substantiv   43
Nebenbedeutung   10
Nebensatz = Gliedsatz   86, 87, 88
nebenordnende Konjunktion   61, 88
  Bedeutungsleistungen   61
Neutrum (sächliches grammatisches Geschlecht)   44
Nomen   43
  Bildung von Nomen   47
  Deklination   45–47
Nominalstil   96
Numerale (Zahlwort)   65
Numerus   19, 45

# STICHWORTVERZEICHNIS

**O**berbegriff   13
Objekt (Ergänzung)   75, 83
  Akkusativobjekt   75
  Dativobjekt   75
  Genitivobjekt   75
  Objekt mit Präposition   76
  Verben und ihre Objekte   84, 85
Objektsatz   76

**P**arataxe   97
Partikel (Fügewort)   58
Partizip (Mittelwort)   17, 18, 57
  Partizip Präsens (Partizip I)   18, 57
  Partizip Perfekt (Partizip II)   18, 57
Passiv   27, 28
  Vorgangspassiv   28
  Zustandspassiv   28
Perfekt (Vollendete Gegenwart)   22, 36–42
Person des Verbs   19
  1. Person: ich/wir   19
  2. Person: du/ihr   19
  3. Person: er, sie, es/sie   19
Personalform des Verbs   17
Personalpronomen   52, 54
persönliches Verb   18
Plural (Mehrzahl)   19, 45
Plusquamperfekt (Vorvergangenheit)   22, 36–42
Positiv   56
Possessivpronomen   55
Prädikat (Satzaussage)   73, 82
Prädikativ   74, 83
Präfix   35, 47, 57
Präposition (Verhältniswort)   58
  Präposition und Artikel   60
  Präposition und Kasus   59
  Präposition und Konjunktion   60
  Präposition und Verb   60
präpositionales Objekt = Objekt mit Präposition   76
Präsens (Gegenwartsform)   21, 36–42
Präteritum   22, 36–42

## STICHWORTVERZEICHNIS

Pronomen (Fürwort) 51
  Demonstrativpronomen 55
  Indefinitpronomen 53, 55
  Interrogativpronomen 54
  Personalpronomen 52, 54
  Possessivpronomen 55
  Reflexivpronomen 18, 55
  Relativpronomen 54

reflexives Verb 18
regelmäßiges Verb = schwaches Verb 18, 40
Reflexivpronomen 18, 55
Relativpronomen 54, 87, 88
Relativsatz 87
rückbezügliches Verb = reflexives Verb 18

sächliches grammatisches Geschlecht 44
Satzarten 66, 68
  Aufforderungssatz 67
  Ausrufesatz 67
  Aussagesatz 66
  Fragesatz 67
  Wunschsatz 67
Satzfrage 67
Satzgefüge 26, 88, 89
  einfaches Satzgefüge 88
  komplexes Satzgefüge 89
Satzglieder 69, 86
  Aufgaben im Satz 72
  Adverbiale 77, 83
  Attribut 79, 82
  Objekt 75, 83
  Prädikat 73, 82
  Prädikativ 74, 83
  Subjekt 72, 82
Satzproben 69–71
  Abstreichprobe 71
  Ersatzprobe 70
  Erweiterungsprobe 71
  Umstellprobe 69, 79

## STICHWORTVERZEICHNIS 109

Satzreihe 88
Satzverbindungen 88, 89
schwaches Verb 18
Singular (Einzahl) 19, 45
Sprachstil 95–97
Sprechabsichten 92
starkes Verb 18
Stil 97
Stilebene 95
Subjekt (Satzgegenstand) 72, 82
Subjektsatz 72
Substantiv = Nomen 43
Suffix 35, 47, 57
Superlativ 56
Synonym 12

Tatform = Aktiv 27, 28
Tätigkeitswort = Verb 16, 84, 85
Temporaladverb 63
Tempus (Zeit) 20
Tempusform und Zeitverweis 20, 25
Tempusformen 20–24
   Futur I 23
   Futur II 24
   Perfekt 22
   Plusquamperfekt 22
   Präsens 21
   Präteritum 22
transitives Verb 18

Umstandsbestimmung = adverbiale Bestimmung/Adverbiale 77, 83
Umstandswort = Adverb 63, 64
unbestimmter Artikel 49, 50
unpersönliches Verb 18
unregelmäßiges Verb = starkes Verb 18
Unterbegriff 13
unterordnende Konjunktion 62, 88
   Bedeutungsleistungen im Überblick 62

## STICHWORTVERZEICHNIS

Verb (Tätigkeitswort/Zeitwort)  24, 68
  finite und infinite Form des Verbs  17
  Handlungsverb  16
  Konjugation  19
  Verben und ihre Objekte  84, 85
  Vorgangsverb  16
  Zustandsverb  16
Verbalstil  96
Verbklammer  66
Verhältniswort = Präposition  58
Vollverb  17
Vorgangspassiv  28
Vorgangsverb  16
Vorsilbe = Präfix  35, 37, 47
Vorvergangenheit = Plusquamperfekt  22

weibliches grammatisches Geschlecht  44
Wirklichkeitsform = Indikativ  29
Wortarten  15, 48
  flektierbare Wortarten  15
  nicht flektierbare Wortarten  15
Wortbildung  35, 47, 57
  Zusammensetzung  35, 47, 57
  Ableitung  35, 47, 57
Wortfamilie  14
Wortstamm  14
Wunschsatz  67

Zahladjektiv  65
Zahlwort = Numerale  65
Zeitenfolge  25
Zeitwort = Verb  16
Zukunft = Futur  23, 24
Zusammensetzung  35, 47, 57
Zustandspassiv  28
Zustandsverb  16

# Dreifach genial

Alle Vorteile der drei Medien **Buch**, **CD-ROM** und **Online-Angebot** nutzen! Die individuellen Wege zum Lernen und Üben. Mit Spaß und Power zum Lernerfolg!

|  | ISBN 3-589 |
|---|---|
| Deutsch, 5. Klasse | -21500-3 |
| Deutsch, 6. Klasse | -21501-1 |
| Deutsch, 7. Klasse | -21503-8 |
| Deutsch, 8. Klasse | -21505-4 |
| Deutsch, 9. Klasse | -21506-2 |
| Deutsch, 10. Klasse | -21507-0 |
| Englisch, 5. Klasse | -21508-9 |
| Englisch, 6. Klasse | -21509-7 |
| Englisch, 7. Klasse | -21510-0 |
| Englisch, 8. Klasse | -21511-9 |
| Englisch, 9. Klasse | -21512-7 |
| Englisch, 10. Klasse | -21513-5 |
| Mathematik, 5. Klasse | -21514-3 |
| Mathematik, 6. Klasse | -21515-1 |
| Mathematik, 7. Klasse | -21517-8 |
| Mathematik, 8. Klasse | -21518-6 |
| Mathematik, 9. Klasse | -21519-4 |
| Mathematik, 10. Klasse | -21520-8 |

Fragen Sie bitte in Ihrer Buchhandlung oder im gut sortierten Fachhandel!

# Steck den Pauker in die Tasche!

| Fach/Titel | ISBN 3-589-... |
|---|---|
| **Biologie** | 22152-6 |
| **Chemie** | 22094-5 |
| **Deutsch** | |
| - Aufsatz | 22099-6 |
| - Grammatik | 22098-8 |
| - Grundbegriffe der Literatur und Sprache | 22104-6 |
| - Rechtschreibung und Zeichensetzung | 22096-1 |
| **Englisch: Grammatik** | 22100-3 |
| **Erdkunde** | 22110-0 |
| **Französisch: Grammatik** | 22105-4 |
| **Geschichte von der Antike bis 1789** | 22107-0 |
| **Geschichte von 1789 bis heute** | 22108-9 |
| **Internet für Schüler** | 21480-5 |
| **Latein: Grammatik** | 22103-8 |
| **Mathe** | |
| - Algebra | 22089-9 |
| - Geometrie | 22090-2 |
| - Gleichungen und Funktionen | 22091-0 |
| - Formelknacker | 22092-9 |
| **Musik** | 22109-7 |
| **Physik** | 22095-3 |
| **Physik/Chemie: Formelknacker** | 22093-7 |
| **Politik/Sozlalkunde** | 22106-2 |
| **Referate vorbereiten und halten** | 22111-9 |
| **Spanisch: Grammatik** | 22101-1 |

Fragen Sie bitte in Ihrer Buchhandlung
oder im gut sortierten Fachhandel!